中华人民共和国海船船员培训合格证考试培训教材

交通运输类"十四五"创新教材
符合《海船船员培训大纲（2021版）》《海船船员考试大纲（2022版）》要求

U0743147

KECHUAN CAOZUO YU GUANLI

客船操作与管理

中国海事服务中心 组织编审

大连海事大学出版社
DALIAN MARITIME UNIVERSITY PRESS

ⓒ 中国海事服务中心　2022

图书在版编目(CIP)数据

客船操作与管理／中国海事服务中心编. — 大连：
大连海事大学出版社，2022.12(2024.3重印)
中华人民共和国海船船员培训合格证考试培训教材
ISBN 978-7-5632-4327-3

Ⅰ.①客…　Ⅱ.①中…　Ⅲ.①客船—船舶操纵—技术
培训—教材②客船—安全管理—技术培训—教材　Ⅳ.
①U674.11

中国版本图书馆 CIP 数据核字(2022)第 258078 号

大连海事大学出版社出版

地址:大连市黄浦路523号　邮编:116026　电话:0411-84729665(营销部)　84729480(总编室)
http://press.dlmu.edu.cn　E-mail:dmupress@dlmu.edu.cn
大连天骄彩色印刷有限公司印装　　　　　　　大连海事大学出版社发行

2022年12月第1版　　　　　　　　　　　　2024年3月第2次印刷
幅面尺寸:184 mm×260 mm　　　印张:11.5　　　字数:269 千
出版人:刘明凯

责任编辑:张　慧　　　　　　　　　　　　　责任校对:董洪英
封面设计:解瑶瑶　　　　　　　　　　　　　版式设计:解瑶瑶

ISBN 978-7-5632-4327-3　　　定价:58.00 元

中华人民共和国海船船员
培训合格证考试

培训教材编审委员会

主　　任：孙玉清

委　　员：（按姓氏笔画排序）

王　勇　刘正江　刘红明　吴丽华　吴宗保　赵友涛　施祝斌
姚　杰

审定委员会

主　　任：孙玉清

委　　员：（按姓氏笔画排序）

王　捷　王平义　王明春　吕　明　刘锦辉　李忆星　李建国
杨甲奇　肖亚明　张庆宇　张守波　陈晓琴　苗永臣　范　鑫
周明顺　唐强荣　黄江昆　景向伟

编写委员会

主　　任：刘正江　赵友涛

执行主任：王　勇

副 主 任：(按姓氏笔画排序)

丁振国	万　红	马洪涛	王　琪	王　磊	王进博	王松明
王明雨	方　磊	邓志华	曲　涛	朱耀辉	刘月鹏	刘芳武
刘金华	刘宗朴	刘宪珍	许　亮	李　志	李　翼	李先强
李江华	李明阳	杨延存	杨志勇	杨神化	何　毅	何江华
闵金卫	汪益兵	张　洋	张玉波	张世峰	陈东水	邵国余
林叶锦	林杰民	周兆欣	郑学贵	赵丽君	赵宏革	俞万能
俞文胜	贾宝柱	徐　攀	徐立华	徐言民	徐得志	翁石光
唐　锋	黄党和	盛　君	盛进路	章文俊	隋江华	蒋更红
曾冬苟	黎冬楼	滕宪斌				

委　　员：(按姓氏笔画排序)

王方金	王立军	王希行	王建军	卢艳民	田学军	田海涛
史　言	代　锐	冯海龙	邢博君	吕二广	吕建明	朱永强
刘　雨	刘长青	刘沁源	刘新亮	关长辉	江建华	许媛媛
杜　新	杜金印	李继凯	李道科	李富玺	杨　林	杨　栋
吴叶平	沈荣欣	张　竹	张　磊	张芳亮	张春阳	张选军
陆宝成	陈永利	陈依梁	陈福洲	武　斌	林　郁	罗宏富
金建元	宗永刚	赵志强	赵贵竹	郝振钧	胡贤民	姜广丰
聂　涛	奚　瑞	高世有	高增云	席建龙	黄兴旺	阎　义
葛　帆	蒋　龙	程　欣	温秀萍	裴景涛	熊正华	黎鹭丹
戴　武						

前　言

《中华人民共和国海船船员培训合格证书签发管理办法》已于2019年修订并于2019年10月1日起施行。交通运输部2021年发布的《海船船员培训大纲(2021版)》,对海船船员培训合格证的适任要求,培训的理论知识、实践技能,评价标准及学时等作出了详细规定;中华人民共和国海事局根据《中华人民共和国海船船员适任考试和发证规则》和《海船船员培训大纲(2021版)》编制并发布的《海船船员考试大纲(2022版)》,对海船船员培训合格证理论考试大纲、实操评估大纲作出了详细规定。

为更好地实施高素质船员队伍建设,在新形势、新要求下推进并完善海船船员培训工作,增强海船船员的个人安全意识,进一步提升海船船员适任能力,中国海事服务中心组织具有丰富培训教学经验和航海实践经验的专家编写并审定了本套"中华人民共和国海船船员培训合格证考试培训教材"。

本套教材满足《1978年海员培训、发证和值班标准国际公约马尼拉修正案》、《海船船员培训大纲(2021版)》和《海船船员考试大纲(2022版)》对海船船员培训合格证的各项要求,紧密结合我国有关船员职业培训的最新规定,知识点全面,图文并茂,易于学习、理解,可作为海船船员培训合格证培训用书,亦可作为船上人员解决工作中实际问题的工具书。

本套教材包括:

Z01	《基本安全——个人求生》
	《基本安全——防火与灭火》
	《基本安全——基本急救》
	《基本安全——个人安全与社会责任》
Z02	《救生艇筏和救助艇操作与管理》
Z03	《快速救助艇操作与管理》
Z04	《船舶高级消防》
Z05	《船舶精通急救》
Z06	《船上医护》
Z07、Z08	《船舶保安意识与职责》
Z09	《船舶保安员》
T01	《油船和化学品船货物操作(基本培训适用)》
T02	《油船货物操作(高级培训适用)》

（续表）

T03	《化学品船货物操作（高级培训适用）》
T04	《液化气船货物操作（基本培训适用）》
T05	《液化气船货物操作（高级培训适用）》
T06	《客船操作与管理》
T07	《大型船舶操纵》
T081、T082	《高速船操作与管理》
T09、T10	《船舶装载包装及散装固体危险和有害物质操作与管理》
T11、T12	《使用气体或其他低闪点燃料船舶操作与管理》
T13、T14	《极地水域船舶操作与管理》

在本套教材的编写、出版过程中，得到了各直属海事局、航海教育培训机构、航运企业及大连海事大学出版社等单位的大力支持，特致谢意。

中国海事服务中心

2022 年 10 月

扫码学习《深入学习贯彻党的二十大精神　加快建设交通强国 当好中国式现代化开路先锋》

编者的话

《客船操作与管理》依据《海船船员培训大纲（2021版）》和《海船船员考试大纲（2022版）》对海船船员培训合格证的各项要求，紧密结合我国有关船员职业培训的最新规定编写，适用于拟在客船上任职的船员T06客船船员特殊培训合格证的考试培训，也可作为船上人员解决工作中实际问题的工具书。

本书共分为九章，内容包括：客船的基础知识，舱室服务人员安全培训，拥挤人群管理，危机管理与应急程序，应急资源的优化利用，应急反应控制和人的行为，客船稳性、吃水差和强度，装载及登船设备和程序，滚装货物作业等。

本书由山东交通学院王涛、尹强担任主编，许秋明、刘长青担任主审，陈延才、姜淑翠、张安西担任副主编。杨兵、吴永福参与了本书的编写。全书由王涛统稿。

本书的编写得到了渤海轮渡集团股份有限公司、威海市海大客运有限公司、威海威东航运有限公司、山东通和国际船务代理有限公司威海分公司等单位的鼎力帮助。王雨、宁婕、李春鹏等为本书绘制了部分插图，提供了部分素材。在此表示衷心的感谢。

航海科技日新月异，相关国际公约、各国法律法规、行业标准和规定也在不断进步和完善，本套教材未尽之处请广大同仁和读者批评斧正。

编者
2022年10月

目　　录

第一章
客船的基础知识

适用范围：T061，T062，T063。（熟悉内容）

浩瀚的海洋，碧波万顷，水深浪高，客船不仅要在海上快速、安全地航行，还要为船上所有人员的起居、饮食、医疗卫生、文化娱乐、通信等各方面提供服务。大型客船，仿佛一座浮动在海洋之上的"城市"。客船船员，应首先熟悉客船的基本知识，了解客船的类型和结构特点，其中负责航行和货物安全的人员，还应该掌握这些结构特点所带来的限制，在日常作业中重视和注意这些方面。

第一节
客船的定义和基本类型

中国有着悠久而辉煌的造船和航海历史，我国古代造船技术一直处于世界领先地位。秦始皇派徐福入海求仙的船队，魏晋时期开始流行的画舫，隋炀帝的龙舟，唐朝能容纳六七百人的大海船，郑和下西洋的宝船，都算得上古代客船的典型代表。20世纪开始，国际社会逐步完善了海事公约和规则，并给客船以精准的定义。

一、客船的定义

客船（Passenger ship）通常是指用于运送旅客及其携带的行李的船舶，兼运少量货物的客船也称作客货船。从传统意义上讲，客船多为定期定线航行的船舶，故又称作班轮。

古人有"旋囊挑诗卷,家书托客船"之说,在洲际航空广为发展以前,国际的邮政业务主要依靠远洋客船承担,所以这种船又称为邮轮。

《国际海上人命安全公约》(SOLAS 公约)对客船的定义为"客船系指载客超过 12 人的船舶"。其中,"乘客"系指除下列人员以外的人员:

(1)船长和船员,或在船上以任何职位从事或参加该船业务的其他人员;和

(2)一周岁以下的婴儿。

因此,即使不在船舶配员之内,但在客船上从事商品销售、餐饮服务、卫生保洁等业务的人员,从定义的角度来看,也不属于乘客。

二、客船的基本类型

根据不同的分类依据,客船可以分为不同的类型,表 1-1-1 是行业内常见的几种客船的分类方式。

表 1-1-1　客船的分类

分类依据	客船类型
按载运内容	全客船:只载运旅客及其携带的行李,不载运货物
	客货船:既载运旅客及其携带的行李,又兼运货物
按航行区域	海洋客船:航行于海洋及与海洋相连接的水域
	内河客船:航行于江、河、湖、泊等内河水域
按航行速度	普通客船:常规航速
	高速客船:速度上满足高速船的要求

注:"高速船"系指最大航速 $\geq 3.7 \nabla^{0.166\,7}$(m/s)的船舶,其中 ∇ 是指相应于设计水线的排水量。

从管理角度,我国海事主管机关按照我国海域、航区和航线距庇护地的距离,将客船(包括滚装客船)进行了等级划分,如表 1-1-2 所示。

表 1-1-2　我国对海洋客船等级的划分

客船等级	航行限制		
	航区	海域	航线距庇护地距离
Ⅰ	远海、近海	—	—
Ⅱ	沿海	黄海,东海,北部湾,渤海湾,琼州海峡,雷州半岛东、西海岸	≥ 10 n mile
		台湾海峡、台湾岛东海岸、海南岛东、南海岸、南海	≥ 5 n mile
Ⅲ	沿海	黄海,东海,北部湾,渤海湾,琼州海峡,雷州半岛东、西海岸	< 10 n mile
		台湾海峡、台湾岛东海岸、海南岛东、南海岸、南海	< 5 n mile
	遮蔽水域	—	—

注:源自《国内航行海船法定检验技术规则(2020)》。

(一)普通客船

本书探讨的普通客船主要是指海洋客船,具体又可以分为远洋客船和沿海客船。

1620 年 11 月 21 日,经过 66 天海上漂泊的英国"五月花"(Mayflower)号帆船(其模型如图 1-1-1 所示)载运 102 名乘客横渡大西洋,到达美洲科德角(今马萨诸塞州普罗文斯敦),可算是近代第一次远洋客运航行。工业革命后,西、法、英、美等国群起探讨利用蒸汽机推进船舶的方案。1838 年 4 月 22 日,船长 54.25 m、吨位 703 t 的"天狼星"(S. S Sirius)号,载客 94 人从英国伦敦横渡大西洋到达纽约港,争得了横渡大西洋的先锋船的荣誉。随着科学技术在航海和造船方面的不断发展与应用,客船的建造规模、营运航线也在不断地扩大。20 世纪 50 年代末,远程喷气式客机出现,逐渐夺走了海洋客船的客源,海洋客船逐渐向沿海短程运输和豪华邮轮方面发展。

图 1-1-1 英国"五月花"(Mayflower)号帆船模型

现代大型客船的外形如图 1-1-2 所示。为了满足不同类型的乘客在安全、舒适度等方面的需求,客船一般设有带有多层甲板的上层建筑,以便布置各种类型的舱室、餐厅、卫生和娱乐设施;配备足够的救生、消防等应急设备和先进的通信导航设备,以保证船舶航行的安全;设有减摇、避震、隔音等设施,以提高乘客的舒适度;配备强大的动力设施,以确保客船具有较高的航速。现代豪华邮轮的功能不再局限于纯粹的运输功能,已逐渐演变为供旅客休闲旅游的场所,因此,更要强调它的舒适性,其构造也更为复杂,装修也更为豪华,除了配备客船的基本设施、住舱外,还设有大型商场、酒吧、剧场和运动区,有的豪华邮轮甚至还配有泳池、公园和攀岩墙等大型设施。

图 1-1-2 现代大型客船

(二) 滚装客船

滚装客船是一种特殊的客货船,因其装卸和载运方式的独特性,而备受关注。

1. 滚装船

滚装船(Ro-Ro ship)又称开上开下船,以装满集装箱或货物的车辆为运输单元,装载时,汽车及由牵引车辆拖带的挂车通过跳板开进舱内,如图1-1-3所示。

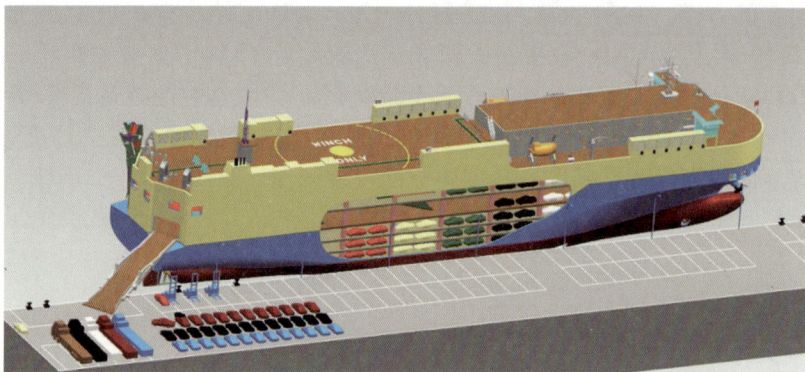

图 1-1-3 滚装船场景图

滚装船的概念起源于军用坦克或车辆登陆艇。世界上第一艘滚装船是1958年美国建造的"彗星"(Comet)号。该船的两舷及船尾均有开口,共有5个跳板,供车辆上下船,此后滚装船便迅速发展起来。

国际海事组织(IMO)海上安全委员会(MSC)第A.581(14)号决议将滚装船定义为:滚装船系指有一层或多层封闭或开敞车辆甲板(如图1-1-4所示),一般不分舱,且贯穿船舶全长并且能在水平方向装卸货物的船。

图 1-1-4 开敞车辆甲板和封闭车辆甲板

此外,业内对滚装船型的吨位也有规定,如1976年的国际滚装会议确定"凡大于400总吨,以滚装系统装卸货物的船均列入滚装船型"。

滚装船的装卸效率高,能节省大量的装卸劳动力,缩短船舶停靠时间,提高船舶利用率,船舶周转快,水陆直达联运方便;滚装船运输时,船与岸都不需要起重设备,即使港口设备条件很差,滚装船也能实现高效率装卸;另外,滚装船具有很强的适应性,能装载各种车辆和集装箱,借助于叉车、牵引车等辅助设备,还能运载特种货物和各种大件货物,如钢管和钢板、铁路车辆、农业机械等,还可以混装多种物资及用于军事运输。因此,滚装船具有广阔的应用前景。

2. 滚装客船

滚装客船(Ro-Ro passenger ship)也称客滚船,是 20 世纪 60 年代初发展起来的一种高效率新型客货船,集滚装运输和旅客运输于一体,多用于沿海中短程定期航线。其外形如图 1-1-5 所示。

图 1-1-5 滚装客船

SOLAS 公约将滚装客船定义为:滚装客船系指设有滚装处所或特种处所的客船。其中:

滚装处所系指通常不予分隔并通常延伸至船舶的大部分长度或整个长度的处所,能以水平方向正常装卸油箱内备有自用燃料的机动车辆和/或货物。其中货物包括在铁路或公路车辆、运载车辆(包括公路或铁路槽罐车)、拖车、集装箱、货盘、可拆槽罐之内或之上,或在类似装载单元或其他容器之内或之上的包装或散装货物。

特种处所系指在舱壁甲板以上或以下围蔽的车辆处所,车辆能够驶进驶出,并有乘客进出通道。如用于停放车辆的全部总净高度不超过 10 m,特种处所占用的甲板可多于一层。车辆处所系指拟用于装载油箱内备有自用燃料的机动车辆的货物处所。

(三)铁路轮渡

铁路轮渡(Train ferry),也称火车轮渡,系指以渡轮来运载铁路机车车辆渡过河流或海峡的轮渡方式。广义的铁路轮渡由两岸的轮渡站和引线、栈桥、靠船设备、渡轮等建筑物和设备组成。

此类船舶在甲板上铺有载运车列的轨道,列车解体后分段装船。除运载铁路机车车辆外,铁路轮渡还可以运载其他货物单元和旅客。

我国早期的铁路轮渡多用于长江等内河水域,随着桥梁技术的发展,内河铁路轮渡被逐步取消。2002 年开通的江阴铁路轮渡(如图 1-1-6 所示)被称为"中国最后的内河铁路轮渡"。2019 年 12 月 16 日,江阴铁路轮渡迎来最后一班航运,标志着我国内河铁路轮渡全部停航。

图 1-1-6　江阴铁路轮渡

跨海铁路轮渡,国内主要是 2003 年开通的粤海铁路轮渡和 2006 年开通的烟大铁路轮渡,目前均为可运载列车、汽车、旅客的多用途滚装船,如图 1-1-7 所示。

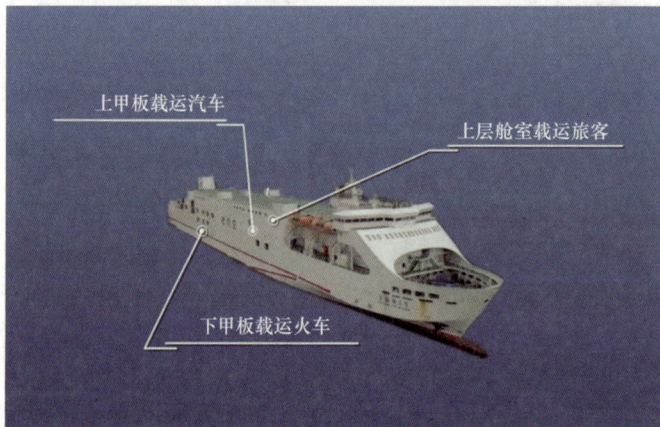

图 1-1-7　多用途跨海铁路轮渡

第二节
客船的结构特点和限制

客船,尤其是滚装客船,为给旅客提供更舒适的体验、满足货物快速装卸和船舶快速周转等需要,在造船设计方面具有独特之处,并由此影响其操纵性能。

一、客船的结构特点

1. 具有高大的上层建筑

为了满足旅客的舒适性要求,客船在其水线以上设有大量的宽敞、舒适的旅客舱室和休闲娱乐空间,因此客船的上层建筑高大,如图 1-2-1 所示。而滚装客船设有滚装货物处所,其宽度均为船宽,高度一般为 4 m 以上,还设有载运乘客的客运设施,所以滚装客船的上层建筑显得更为高大,而且船舶的方形系数较大。

图 1-2-1　客船高大的上层建筑

客船与滚装客船高大的上层建筑致使其受风影响大,同时,较大的方形系数使其追随性较差,在航行中,应特别注意,尤其是在靠离码头时或在受限水域航行时,更应予以重视;锚泊时,受风影响大,走锚的风险性更大,因此,此时更应加强锚泊值班,以确保其安全。

2. 设有减少横摇和横倾的装置

船舶摇摆剧烈可能导致船员和旅客晕船,而对于滚装客船而言,横摇容易造成货移并导致事故。因此,为提高人员舒适度和保证船舶与货物的安全,客船除了舭龙骨外,通常还设置减摇鳍(Fin stabilizer)、减摇水舱等减摇装置。

在各种减摇装置中,减摇鳍的减摇效果最好,其形式如图 1-2-2 所示,其减摇效果最好的可达90%以上。1985 年,英国"玛丽皇后"(RMS Queen Mary)号邮轮在大风浪条件下进行了减摇鳍性能试验。当减摇鳍工作时,船的横摇角平均为 2°,而减摇鳍不工作时,横摇角可达 25°,可见其减摇效果是相当可观的。需要注意的是,减摇鳍在船舶低速航行的情况下,减摇效果很差,船舶航速为 0 时,减摇鳍无减摇效果。

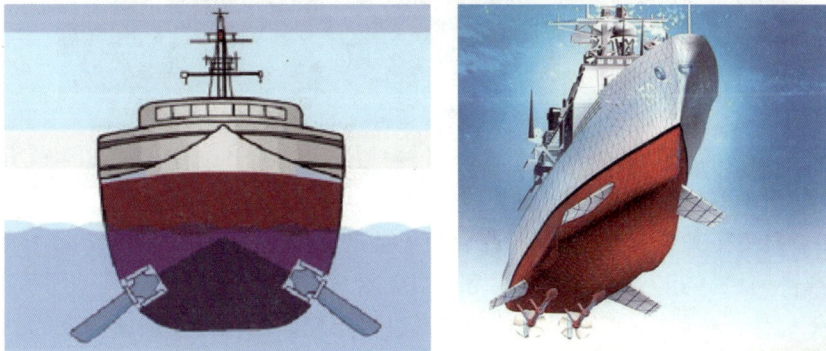

图 1-2-2　减摇鳍

滚装客船在码头停泊装卸时,由于滚装货物装卸速度快,且船宽较大,车辆在车辆舱内横向移动会产生横倾力矩,致使船体出现横倾,不利于跳板的正常工作,甚至会损坏跳板。因此，滚装客船需设置足够的压载水舱，或专门的平衡水舱，以平衡船舶在装卸货时产生的横倾。

3. 设置独立的通风系统

客船通常设置专门的空调通风系统，供客舱及其他舱室使用，既为旅客和船员提供了一个安全、舒适的生活和工作环境，同时也满足了机械运转、散热、消防等方面的要求。

滚装客船的滚装处所更需要设置独立的通风系统，SOLAS 公约对其通风次数也有明确要求，以消除滚装处所积聚的有害气体，防止发生火灾和中毒事故，确保安全。

4. 配备高效的灭火系统

对于客船，为满足旅客舒适、休闲等的需要，舱室布置和装修等都较为复杂，因此对灭火系统的要求也更高一些。除常规的消防器材外，公约要求客船在所有控制站、起居处所和服务处所，包括走廊和梯道装设符合要求的自动喷水器、探火和失火报警系统。

滚装客船的车辆舱，可能存在易燃易爆气体，如汽油挥发的油气、车辆尾气中的一氧化碳等，因此对灭火系统的要求更高。通常，车辆舱内主要配备的是固定式压力水雾灭火系统，也有配备高倍泡沫灭火系统的，以便迅速、有效地扑灭火灾。

5. 设有旅客和车辆出入口门路

小型客船通常在船舷边栏杆处设置旅客登船口，大型客船则一般在舷侧或首尾设置水密开口，供旅客登离船。许多客船，尤其是豪华邮轮，还专门设置舷门以供装卸行李。豪华邮轮的登船口和独立的行李装卸舷门如图 1-2-3 所示。

图 1-2-3 豪华邮轮的登船口和独立的行李装卸舷门

滚装客船则设置大型水密门供车辆进出，大型滚装客船的旅客登船口和车辆出入口是分离的，如图 1-2-4 所示，而小型滚装客船的旅客和车辆通常均需通过首尾的水密门登离船，应注意避免交叉作业，这个问题在后面还会重点讲述。

船舶离港前，货物出入口的所有门路必须关闭，驾驶台应设有监视其关闭状态的显示装置。由于种种客观原因，货物出入口门路经过多年使用后很可能损坏和变形，从而失去原有的水密性能，成为船体结构中强度最弱的部位，船舶驾驶人员应当特别注意。

图 1-2-4 大型滚装客船分离的旅客登船口和车辆出入口

6. 滚装客船没有或缺少横向舱壁

滚装客船在设计上往往采用纵骨架式结构,有统长的甲板舱,即宽敞的车辆装载处所。为了使机动车辆能方便驾驶进出,应不设置或设置很少的横向舱壁,如图 1-2-5 所示。

图 1-2-5 未设置横向舱壁的车辆舱

这种结构,一旦船体破损,车辆舱就会快速大量进水。欧盟曾对滚装客船进水后的状态进行了计算机模拟,结果显示大型滚装甲板进水后 20 min 内便可出现 20°及以上的倾斜。这种情况会导致舱内人员行走困难,进而可能导致人员难以安全撤离,同时,大量的进水会导致船舶很快失去浮力,从而发生沉没、倾覆等事故。如 1994 年"爱沙尼亚"(Estonia)号海难,就是车辆舱进水致使船舶迅速沉没。

另外,这种结构的船舶,一旦发生火灾,也更容易蔓延,造成严重的后果,诸多事故早已说明了这一点。还需要注意的是,从船体结构强度方面来看,因缺少横向舱壁,与一般船舶相比,其横向强度相对较弱。

二、客船操作限制清单

客船因其结构方面存在上述特点,会对其船舶操纵和其他作业产生影响和限制。因此,SOLAS 公约规定,无论是由主管机关强制规定还是在设计或建造阶段就已确定的对客船的操作限制,均应在该客船投入使用之前编制一个所有这些操作限制的清单(List of operational limitations)。该清单连同必要的说明应以主管机关可接受的格式编制成文件,并应保存在船上供船长随时取用,并应保持更新。如该清单所使用的语言既非英文也非法文,则应另配有使用该两种语言之一的文本。

清单的内容包括:

(1)对任何一条规则的免除;

(2)航区限制;

(3)天气限制;

(4)海况限制;

(5)许用负荷限制;

(6)纵倾限制;

(7)航速限制;

(8)其他任何限制。

在客船营运过程中,负责航行和货物安全的人员应尤其注意这些限制。

第二章
舱室服务人员安全培训

适用范围：T061，T062，T063。

在旅客舱室为旅客提供直接服务的人员除了应具备基本的服务技能以外，还应具备在紧急情况下与旅客建立并保持有效沟通的能力，能够运用各种手段向旅客传达积极、正确的信息，以协助旅客逃生；此外，还应熟练掌握船上所配备的个人救生设备，并具备在紧急情况下向旅客演示操作的能力。

第一节
建立和保持有效的沟通

紧急情况下，船员、旅客等不同群体之间的信息传递、彼此交流至关重要，建立和保持有效的沟通，是实现应急旅客安全管控最基本的，也是最重要的一个因素。客船船员应加强培训和练习，充分运用语言交流和其他辅助性的沟通方式，提高紧急情况下的沟通能力。当然，前提是船员自己要沉着冷静，不能慌张，并能应付旅客在紧急情况下出现的各种不正常反应，保证传达信息的成功和达到预期的效果。

一、保持有效的语言交流

（一）使用恰当的语言

语言是通信与交流的重要工具，通过语言，船员既可以用口头、广播等方式向旅客传递信息、指令和应急声明,也可以获取旅客的相关信息,及时、准确地采取相应的应急行动。

1. 使用适合于特定航线所载旅客的主要国籍的语言

船员与旅客之间进行交流,所使用的应是适合于特定航线所载旅客的主要国籍的语言。在实际工作中,船公司应注意培训服务人员或其他人员使用合适的语言进行交流的能力,并将这些人员合理地安排在集合地点等关键位置。

我国国内的客运航线上,旅客主要为中国国籍,因此要求船员说普通话;部分短程轮渡,为便于沟通,可能会用到当地的方言;另外,也可能有少量外籍旅客,所以船员应掌握基本的英语词汇和用法,以便于交流。

对于国际航线的客船,我国船员管理法规要求船员必须通过相应的专业英语考试或提供等效的证明,因此普通话和英语是船员应掌握的基本语言;此外,船员还应熟悉船舶经常挂靠港口国家的语言,如中日韩航线的船员,还需掌握日语和韩语。

当然,如果在特殊情况下,船上人员确实因语言问题而无法与旅客沟通时,应大声询问旅客中是否有可以进行翻译的,如有,则应在简短询问其个人情况、观察其身体和心理反应后,发动这些旅客提供翻译和信息传递援助。

2. 使用基本的英语词汇和语句

无论船员和旅客是否使用同一种语言,应当认识到,运用基本的英语词汇和语句,如指明需要登乘的甲板、行进的方向、在何处可以获得更多的信息等,能够为需要帮助的旅客提供有效的交流。对此,IMO 早就提出,当语言交流存在困难时,应当使用一种航海通用语言,而这种语言应当是英语,并推出《标准航海通信用语》(Standard Marine Communication Phrases,SMCP),SMCP 的 B 部分中"B4 旅客照管(Passenger care)"给出了各种情况下船员向旅客下达指令的英语表达方式。对于在国内航行的客船上服务的船员而言,虽然没有考试、发证要求,也应掌握一些基本的英语词汇和语句。表 2-1-1 和表 2-1-2 是 SMCP 中"B4 旅客照管(Passenger care)"的船舶常用英语词汇和船舶常用英语交流用语。

表 2-1-1　船舶常用英语词汇

类别	常用词汇
船型	Passenger ship 客船;Ro-Ro passenger ship 滚装客船;Ferry 渡轮
指示性词语	Advice 通知;Pay attention 注意;Report 报告;Follow 跟上,遵从;Instruction 指示;Order 命令
位置	Deck 甲板;Car deck 汽车甲板;Cabin/Room 房间;Lift 电梯;Bridge 驾驶台;Engine room 机舱;Port 左舷;Starboard 右舷;Restricted area 限制区域;Escape route 逃生路线;Muster station 集合站;Embarkation station 登乘站
应急词语	Lifeboat 救生艇;Liferaft 救生筏;Lifejacket 救生衣;Lifebuoy 救生圈;Fire 火灾;Abandon ship 弃船;Collision 碰撞;Explosion 爆炸
人员	Captain/Master 船长;Crew 船员

表 2-1-2 船舶常用英语交流用语

情景	交流用语
一般信息	All passengers must attend this drill 所有旅客必须参加此项演习 Remain calm when you hear the general alarm 当听到通用警报时保持镇静 Never smoke in bed 不要在床上吸烟 Never throw garbage overboard 不要往舷外扔垃圾 Never let children climb/sit on the ship's rails 不要让儿童攀登/坐在栏杆上
火灾	Our ship is on fire 我船失火 Passenger's cabin/Crew cabin on fire 客舱/船员房间失火 Fire is under control 火势已得到控制 Fire is out of control 火势失控 Fire has been extinguished 火已扑灭
救生	Go to your lifeboat stations 前往你的救生艇站 Follow the escape routes shown 沿着指示的逃生路线前行 Do not return to your cabin 不要返回房间 I ask you kindly to remain calm 希望你们保持镇静 Take your lifejacket and a blanket 带上你的救生衣和毛毯 You will find your lifejacket under your bed 可以在床下找到救生衣 Put on warm clothing 穿好保暖衣服 Keep your lifejacket on 穿好救生衣

3. 使用旅客的母语

紧急情况下,如果旅客不能充分理解各种指令、标志,或不能理解培训手册、应急须知等应急资料的内容,或不能充分理解船员改变逃生路线等行动时,他/她们可能更加恐慌,会造成更大的混乱。此时,船员应尽可能使用旅客的母语与其交流,尽可能消除沟通障碍,更快地获得旅客的信任,确保应急行动的顺利进行。

船舶领导和客运负责人员应掌握船员的语言应用能力,尤其是外语水平,作为甄选特殊情况下为旅客提供翻译服务人员应考虑的基本因素。当然,船员也应尽可能地发动旅客,寻求翻译帮助。

(二)发出清晰、简练的指令和报告

紧急情况下,为维持旅客秩序,尽快疏散逃生,船员应及时、准确地向旅客发出清晰、简练的信息和指令,主要途径是通过公共广播发布通知或现场口头传达信息。

船公司应将紧急情况下可能使用的预期通知标准化,印成卡片放在驾驶台及广播站等位置。通知的内容应简练,并且依据航线需要,使用不同的语言版本,同时应确保这些不同语言版本的通知内容保持一致。船公司应通过培训、训练等方式,确保全体船员熟悉、理解并能向其他人员传达、解释这些通知。

使用公共广播发布通知时,船员应保持语调平稳、速度适当、吐字清晰。在客舱直接为旅客提供服务的人员听到广播后,应向旅客传达相关的信息和指令,传达时应注意内容简练,使用安慰和指示性语句。船员对于自己掌握的信息应如实相告,但不要试图提供过多的信息,更不可伪造信息或传播谣言。

(三)及时与旅客交换信息

船员对于旅客的提问,应及时答复。在紧急情况下,旅客可能不断地问询,船员对此应充分理解、保持耐心,及时告知他/她们自己掌握的最新信息,不能对旅客的问询置之不理,因为越是紧急的情况,旅客越是渴望得到真实、准确的信息,而船员是最能够提供这些信息的人。而且船员必须意识到,如果对这些旅客不加理睬,他/她们依靠道听途说来的信息,再加上旅客自己在悲观绝望情况下的信息误判,可能会引发更为严重的后果。

当然,并不能因此就完全禁止旅客之间相互传递消息,毕竟不可能所有的旅客都能从船员处获得一手信息,因此船员应充分重视和掌握旅客之间的信息传递与交流,对于谣言或其他不利于逃生的言论应及时予以制止和更正。

船员应根据交流沟通,及时掌握旅客的需求,必要时指派其他人员提供额外的协助。

二、其他辅助性的沟通方式

1. 使用文字、图画或视频材料

与广播通知卡片相类似,客船上也可以预先编制部分文字或图片材料,或录制视频材料,以描述紧急情况下旅客应遵从的指令和应采取的行动,在无法进行直接语言沟通的情况下,作为有效的辅助性方式,一些邮轮公司开发了应用程序,旅客可以使用手机、平板或船舱内的电视查看安全信息,如图 2-1-1 所示。

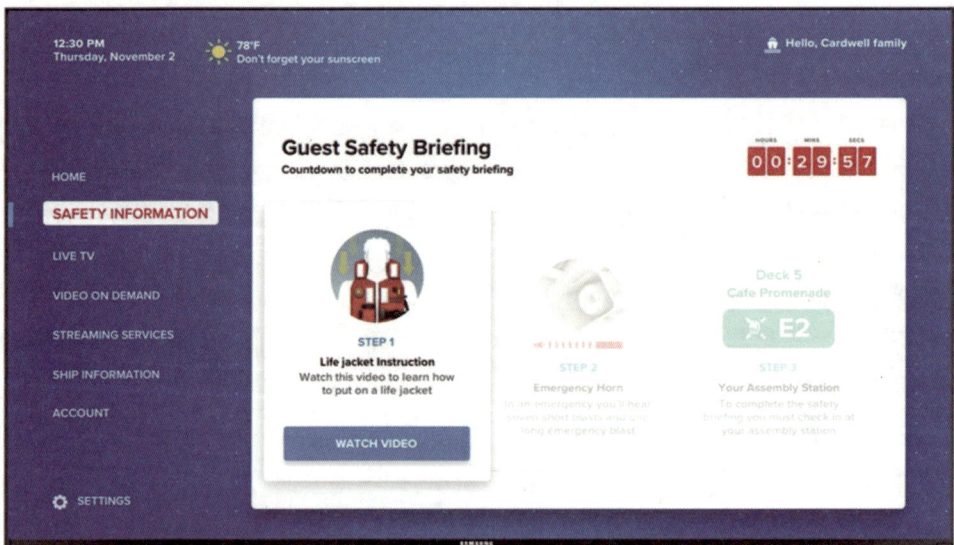

图 2-1-1 辅助性应急材料

在编制这些材料时,应充分考虑使用适合于特定航线所载旅客的主要国籍的语言,图 2-1-2 所示为某中韩国际客运班轮上张贴的安全须知,其中使用了韩语、汉语和英语三种语言。

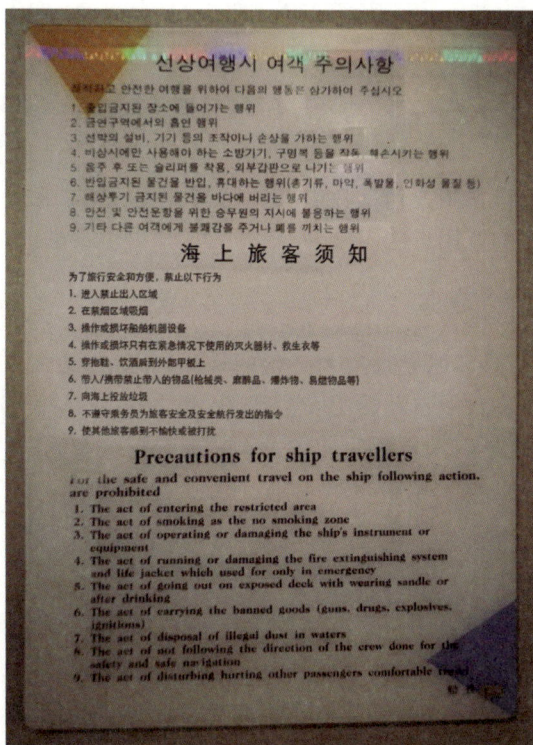

图 2-1-2　中韩国际客运班轮上张贴的安全须知

2. 使用国际通用符号和标志

在船舶安全和应急方面,IMO 早在 1987 年就发布了救生设备及其指示位置的符号,经过几十年的发展,已经深入人心。船员应熟知、理解船上所有的国际通用符号和安全标志,并能够充分利用这些符号和标志,向旅客传递相应的信息。

3. 使用演示、手势等方式

当口头交流失效时,船员可以使用演示、手势等方式引起旅客对指示的位置、集合点、救生设备或逃生路线等的注意,如图 2-1-3 所示。船舶在应急培训时,应加强演示和手势的训练,在进行演示或使用手势时,船员最好站在突出醒目的位置,如桌椅或高台上,可以用木棒、荧光棒或手电筒等来进行指挥。

图 2-1-3　船员使用手势指挥

第二节
个人救生设备的使用和演示

客船上的个人救生设备主要包括救生衣、保温救生服、抗暴露服和保温用具。船员应熟练掌握个人救生设备的使用方法，并能向旅客演示和提供帮助。

一、救生衣

救生衣(Life jacket)是客船上每个人必备的救生设备，穿着简单，能使包括处于昏迷状态人员在内的穿着者在水中自动浮于安全状态，并保持穿着者脸部高出水面一定高度而不致灌水。经示范后，所有人员都应能在无人帮助的情况下，在 1 min 内正确地穿好救生衣。

(一)救生衣的配备与存放

1.对所有船舶的要求

船上应为每个人配备一件符合要求的救生衣。此外，还应配备若干件适合儿童穿着的救生衣，其数量应至少相当于船上乘客总数的10%，或应超出为每个儿童配备1件救生衣而需要的数量；还应为值班人员配备足够数量的救生衣，并应在远处的救生艇筏站配备足够数量的救生衣。

救生衣应存放在容易取用之处，通常在船员和旅客住舱的床头柜或衣柜内，柜上不应加锁，并有明显标志，如图 2-2-1 所示。值班人员的救生衣应存放在驾驶室、机舱、控制室及有人值班的其他地方。

图 2-2-1 救生衣的存放

2.客船和滚装客船救生衣配备的附加要求

(1)对于客船，除上述救生衣外，还应配备不少于船上人员总数5%的救生衣。这些救生衣应存放在甲板上或集合站明显易见的地方。

(2)对于滚装客船，尽管有(1)的要求，仍应有足够数量的救生衣存放在集合站附近，这样乘客不必回到舱室去取救生衣。集合站额外配备的救生衣如图 2-2-2 所示。

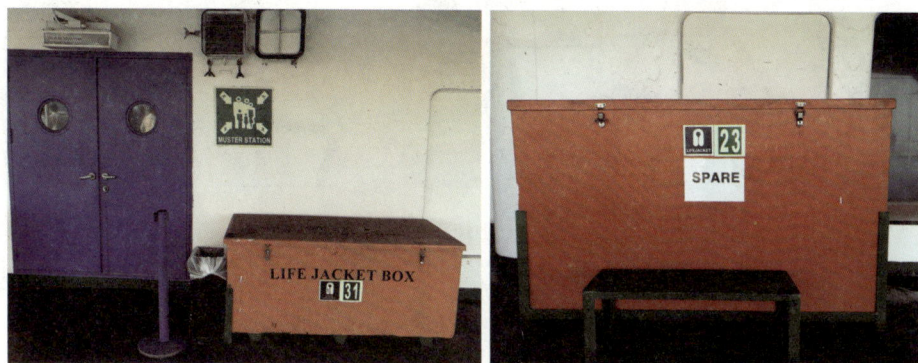

图 2-2-2 集合站额外配备的救生衣

(二)救生衣的穿着

1. 传统系带式救生衣的穿着

救生衣在穿着前应先检查浮力袋、领口带、缚带、哨子、救生衣灯等,不能有损坏或缺失,穿着步骤如下(如图 2-2-3 所示):

(1)将救生衣套进头颈,长方形浮力袋放在胸前;

(2)将缚带分别穿过救生衣两侧的绳圈或塑料环,在身后交叉并绕至胸前;

(3)将缚带在胸前穿过带环,卡在前浮力袋凹槽部位并用力收紧,打平结系牢;

(4)将领口带打平结系牢。

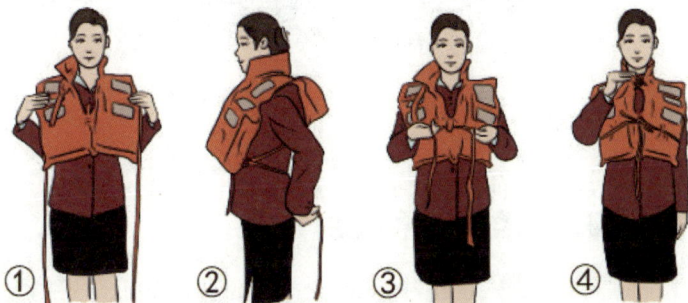

图 2-2-3 系带式救生衣穿着示意图

2. 卡扣式救生衣的穿着

根据 MSC.207(81)决议对《国际救生设备规则》的修正案,2010 年 7 月 1 日及以后建造(铺设龙骨)的船舶上所提供的救生衣,应满足"将救生衣系固于穿着者的方法,应为快速和正面的封闭方式,而无须打结"的要求。因此,目前船舶配备的多为能够快速穿着的卡扣式救生衣,其穿着方法简单。图 2-2-4 是常用的一种卡扣式救生衣穿着示意图,其步骤为:

(1)将手臂向上穿过黑色腰带,双手抓住救生衣边缘;

(2)将救生衣从头部套入,黑色织带在头的后方;

(3)插好插扣;

(4)收紧织带;

(5)将多余的织带卷到救生衣后方。

图 2-2-4　卡扣式救生衣穿着示意图

应在生活区每层、公共场所、旅客住舱等处张贴救生衣穿着示意图,供船员和旅客参考。

(三)救生衣穿着方法的演示

船员向旅客演示救生衣穿着方法时,最好站在突出醒目的位置,如桌椅或高台上,缓慢、分解、清晰地展示各个操作步骤,边做边讲解,或由其他人员配合讲解,如图 2-2-5 所示。在演示的过程中,演示者和其他船员应注意旅客的反应,及时解答旅客提出的问题,纠正旅客的错误操作。

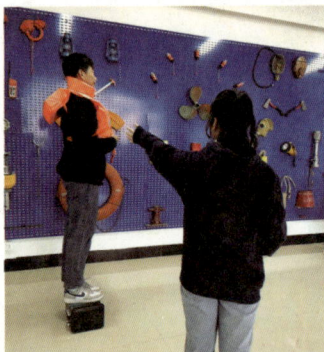

图 2-2-5　向旅客演示救生衣的穿着方法

二、保温救生服、抗暴露服和保温用具

保温救生服(Immersion suit),也称浸水服,是指减少在冷水中穿着该服的人员体热损失的防护服。抗暴露服(Anti-exposure suit)是指设计成供救助艇艇员和海上撤离系统人员使用的防护服。两者均具有水密、产生浮力和自然保温等功能要求,并配有哨笛和救生衣灯。

保温用具(Thermal protective aid)是指采用低导热率的防水材料制成的袋子或衣服,能裹住穿救生衣的人员脸部以外的全身,既可使救生艇筏内的遇险人员在寒冷的环境中御寒,也可供从水中救护上来的落水人员进行穿着,对这些人员起到保温的作用。

(一)保温救生服、抗暴露服和保温用具的配备

(1)应为每位被指派为救助艇艇员或海上撤离系统工作人员的人员配备 1 件保温救生服或抗暴露服。

(2)客船上每艘救生艇应至少配备 3 件保温救生服,还应为救生艇中没有配备保温救生服的每个人配备保温用具;全封闭或部分封闭救生艇中,或一直在主管机关认为不需保温救生服和保温用具的温暖气候区域航行的船舶,可不必配备这些保温救生服和保温

用具。

（3）为每艘救生艇、救生筏和救助艇配备足够 10% 额定乘员使用的保温用具或 2 件保温用具，取其大者。

（二）保温救生服、抗暴露服和保温用具的存放

保温救生服和抗暴露服平时卷叠于专门的包内，并存放在船员住舱和船舶救生站，且存放位置应有明显的标志。保温用具一般存放在真空密封袋内，平常存放于救生艇筏和救助艇。保温救生服与保温用具如图 2-2-6 所示。

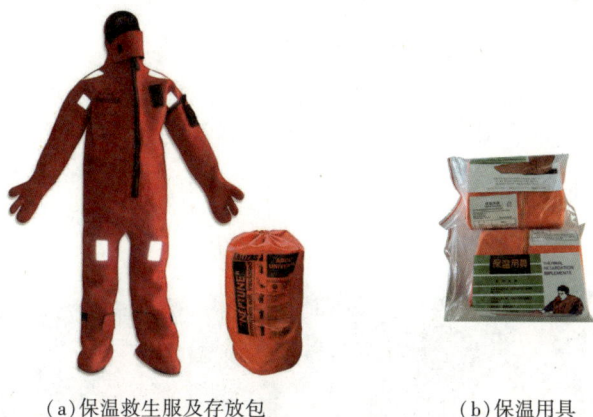

（a）保温救生服及存放包 　　　　　　　　（b）保温用具

图 2-2-6 保温救生服与保温用具

（三）保温救生服、抗暴露服和保温用具的穿着

1. 保温救生服与抗暴露服的穿着

保温救生服与抗暴露服的穿着基本一致，人员应能在没有帮助的情况下在 2 min 内正确穿着。图 2-2-7 是普通保温救生服的穿着示意图，步骤如下：

图 2-2-7 普通保温救生服的穿着示意图

（1）脱下帽子和鞋；

（2）先穿上衣服腿；

（3）戴上帽子，系紧脚带和腕带；

（4）拉上前面的拉链；

（5）如有升降索环，将 D 形环挂入胸前弹簧钩内；

（6）在保温服外面穿上救生衣；

（7）戴上手套。

2. 保温用具的穿着

保温用具通常有两种形式，一种是袋子形状的保温袋，另一种是衣服形状的保温衣。前者保温性能更好一些，后者可以避免保温袋将人员禁锢的缺陷。两者都具有穿着简单、方便的特点，使用者应能在救生艇筏、救助艇内将其打开，并且在阅读说明后，自行将保温用具穿在救生衣的外面。穿着时，都是先将脚伸进保温用具底部，然后往上拉至脸部并收紧。船员向旅客演示其穿着方法（如图 2-2-8 所示）时，应说清楚保温用具在救生艇筏内的存放位置。

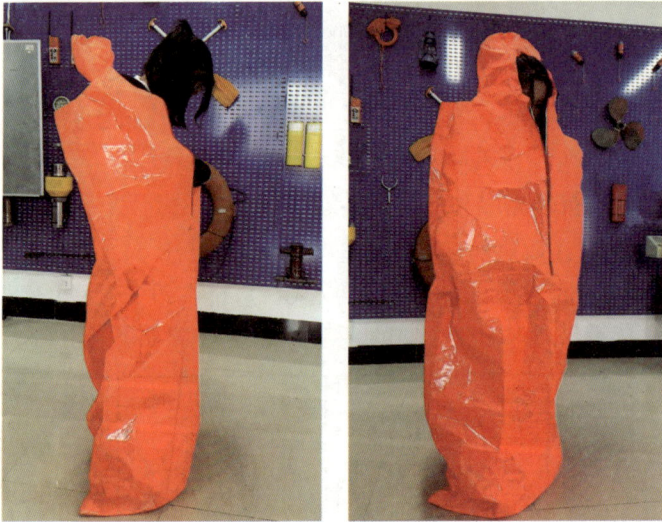

图 2-2-8　保温用具穿着示范

第三章
拥挤人群管理

客船所载运的旅客数量众多,而空间较为有限,因此人员密集程度较高,船舶一旦发生紧急情况,没有经过专业训练的旅客很容易拥挤,甚至发生混乱。大量的客船事故已经证明,人群拥挤、混乱,会增加事故伤亡的人数,使海难更为严重。因此,客船船员应掌握足够的拥挤人群管理(Crowed management)知识,能够在紧急情况下维持旅客秩序,协助旅客顺利地撤离至集合和登乘地点,并对旅客进行有效的管理,确保救生计划的顺利进行。

第一节
船舶救生计划和程序的协助实施

客船上的所有工作人员都应熟练掌握船舶应急计划,以便在紧急情况下能够有效地协助实施这些计划。

一、旅客管理及撤离的应急计划和程序

船舶为各种紧急情况而预先制定的行动方案称为应急计划或程序(Emergency plan/procedure)。为顺利地进行应急情况下的旅客管理,船员应首先熟悉并理解这些应急计划,尤其是应变部署表中针对旅客管理的相关任务和程序。

(一)应变部署表

通常,业内将同时包含弃船和消防的应急计划称为应变部署表(Muster list)。应变部署表的基本内容包括:

(1)船舶及船公司的名称、船长的署名及公布日期;

(2)紧急报警信号的细节;

(3)职务与编号、姓名、艇号、筏号的对照一览表;

(4)航行中驾驶台、机舱固定人员及其任务;

(5)消防应变、弃船求生、施放救生艇筏的详细分工内容和执行人编号;

(6)每项应变具体指挥人员的接替人;

(7)主要救生、消防设备的位置等。

SOLAS 公约规定,客船用的船舶应变部署表的格式应经主管机关认可。我国的客船目前普遍采用《海洋运输船舶应变部署表》(GB 17566)中的样式,如图 3-1-1 所示。

(a)按照 GB 17566—2010 制定(2011 年 5 月 1 日实施)

客船应变部署表 MUSTER LIST FOR PASSENGER SHIP

驾驶台/机舱 BRIDGE/ENGINE ROOM

船名： M/V:
船东/管理公司： SHIPOWNER/MANAGEMENT COMPANY:

紧急报警信号：根据船长指令，用报警器或汽笛发出如下紧急报警信号，并通过有线广播，用船员工作语言反复复述。船长和剖船穿戴号衣，应立即奔赴就位。
Emergency alarm signal: The following alarms are sounded on whistle or siren according to master's order, followed by cable broadcast with working language repeatedly.
消防 fire alarm: 短声连续一分钟 short blast continued for one minute
弃船 abandon ship alarm: 七短一长紧复连放一分钟 seven short blasts with one prolonged blast repeat for one minute
解除 signal for dismissal: 一长声 one prolonged blast
人员落水 man overboard: 三长声 three prolonged blasts

任务 DUTIES	执行人 EXECUTOR
编号 Crew No	
职务 Rank	
姓名 Name	
筏号 Craft No.	
艇号 Boat No	

弃船救生动作 ACTIONS FOR ABANDONING SHIP

放救生艇/救助艇/救生筏动作与任务 SURVIVALS CRAFT LAUNCHING

船舶损害控制演习 SHIP DAMAGE CONTROLL DRILLS

放置离滑梯动作 ACTIONS FOR LAUNCHING EVACUATION SLIDE

抛投式救生筏 Flat type liferaft / 吊放式救生筏 Davit type liferaft / 重力式救助艇/救生艇 GRAVITY LIFEBOAT/RESCUEBOAT

救生部署 BOAT STATIONS

驾驶台 BRIDGE — 船长 MASTER — 电台任务 RADIO STATION

放救生漂浮平台动作 ACTIONS FOR LAUNCHING RAFT

消防部署 FIRE STATIONS

消防队 FIRE-FIGHTING SQUAD / 隔离队 ISOLATION SQUAD
救护队 FIRST-AID SQUAD / 技术队 TECHNICAL SQUAD

封闭处所进入与救助 ENCLOSED SPACE ENTRY & RESCUE

船长 MASTER: 日期 DATE:

(b)按照 GB 17566—2021 制定(2022 年 3 月 1 日实施)

图 3-1-1 客船应变部署表

应变部署表应在开航前编制完成,经船长签字后公布实施,其副本张贴在驾驶台、机舱、餐厅、主要通道等处。如遇船员变动或情况改变,应及时修订应变部署表。

(二)应变任务卡

每个船员床头上都有一张应变任务卡(Emergency card)。应变任务卡上注明应变信号、本人的艇筏号以及在各种应变部署中的任务。表3-1-1是船员用应变任务卡样本。

表3-1-1 应变任务卡(船员用)

应 变 任 务 卡 EMERGENCY CARD 船名 MV:		
编号 No.:	姓名 Name:	职务 Rank:
艇号 Boat No.:	消防集合地点 Fire muster station:	
消防 Fire control	信号 Signal	·······短声连放1分钟 short blasts continued for one minute,随后一长声(船前部失火),两长声(中部失火),三长声(尾部失火),四长声(机舱失火),五长声(上甲板失火)thereafter, one long blast stands for fore part, two for middle part, three for aft part, four for engine room, five for upper deck
	任务 Duty	
弃船 Abandon ship	信号 Signal	·······— 七短声一长声,重复连放1分钟 seven short blasts with one long blast repeated for one minute
	任务 Duty	
人落水 Man overboard	信号 Signal	— — —连续三长声 three long blasts,随后一短声(右舷落水),两短声(左舷落水)thereafter, one short blast stands for starboard, two for portside
	任务 Duty	
解除警报:— 一长声 signal for dismissal: one long blast		

一些客船还在旅客舱室内张贴旅客所用的应变任务卡,卡上注明应变信号、本人的艇筏号和集合地点,以及各种应变中的注意事项。表3-1-2是旅客用应变任务卡样本。

表 3-1-2 应变任务卡(旅客用)

应 变 任 务 卡 EMERGENCY CARD
船名 MV：_____

艇号 Boat No.：_____	集合地点 Muster station：_____

编号 No.：	姓名 Name：	职务 Rank：

艇号 Boat No.：	消防集合地点 Fire muster station：

火警信号：·····短声连放 1 分钟 fire alarm：short blasts continued for one minute 随后：一长声(船前部失火)，两长声(中部失火)，三长声(尾部失火)，四长声(机舱失火)，五长声(上甲板失火) thereafter，one long blast stands for fore part，two for middle part，three for aft part，four for engine room，five for upper deck 注意事项 Notice：
弃船求生信号：······ — 七短声一长声，重复连放 1 分钟 abandon ship signal：seven short blasts with one long blast repeated for one minute 注意事项 Notice：
人员落水信号：— — — 连续三长声 man overboard signal：three long blasts 随后：一短声(右舷落水)，两短声(左舷落水) thereafter，one short blast stands for starboard，two for portside 注意事项 Notice：
解除警报：— 一长声 signal for dismissal：one long blast

(三)应急须知

船舶应为船上每个人员配备 1 份在紧急情况下必须遵循的明确的应急须知(Emergency instruction)。

1. 应急须知的语言要求

客船应急须知应最大可能地使用符号和线路图,减少冗长文字,能将主要的须知内容传达给不识字的旅客,并应使用船旗国要求的一种或数种语言以及英语写成。

2. 应急须知使用的标志

(1)应能明显辨认出集合地点,显著地标出通往集合地点的线路;

(2)每个集合地点有"集合地点"符号标明,不同集合地点应该用字母或数字加以区分;

(3)如集合地点不是登乘地点,还应把两者加以区分,并标出集合地点前往登乘地点的指示标志;

(4)紧急情况下可用来逃生的门窗、舷窗应有明显的有关"紧急出口"的标志;

(5)旅客所处的每层甲板应有编号来识别,也可用名称识别,有关标志应标在所有的梯道和公共房间并能被明显看到。

3. 应急须知的张贴方式

应急须知应和应变部署表一起在全船的各个显著部位张贴。在旅客舱室内,也应张贴配有适当文字的示意图和应急须知,向旅客通告他/她们的集合地点、应变时采取的必要行动和救生衣的穿着方法等,有的还标记当前位置的疏散路线、注意事项等。旅客舱室内张贴的应急须知如图 3-1-2 所示。

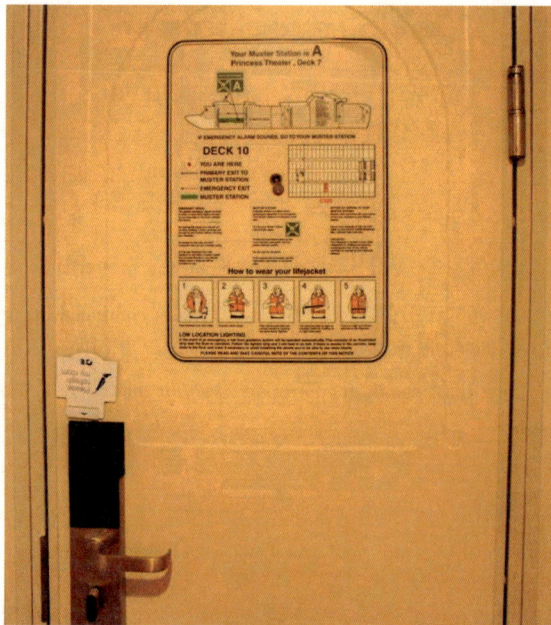

图 3-1-2　旅客舱室内张贴的应急须知

除此以外,客船还应在全体旅客上船后广播应急须知。广播应急须知之前可以发出特别的警告声,以引起旅客的注意,随后广播应急须知公告,公告应简明扼要地向旅客传达足够的信息。以下是一个应急须知广播的样本。

特别信号

女士们,先生们,请你们仔细听下面的安全公告。

万一发生应急事件,将会响起通用应急报警信号。警报声响时你必须马上到你的或最近的集合地点去。此信号为汽笛及警铃发出的七短声一长声。(建议此时广播录制好的警报信号。)

听到警报时,如果你没有在你的舱室或离舱室很远,请直接到距离你最近的集合地点。如果你在舱室内或附近,请带好随身物品,多穿衣服,拿一些最有用的药品,然后按方向标志的指示到你的集合地点。救生衣在舱室中,在到集合地点去之前穿上救生衣。

本船的集合地点位于……(甲板号),并能通过一个绿方块、白标志及每个角上有一箭头指向中间将表示人员聚集的符号区别出来。看一下你舱室门的附近,并且阅读全船张贴的应急须知了解集合地点的情况。

在集合地点,如果需要,船员会帮助你。你要保持镇静,并听从所在集合地点的船员的指挥。

请注意旅客应急须知,它们会以船舶脱险通道图示的方式张贴在你的舱门、集合地点和其他地方。请通篇阅读所有的安全注意事项,并现在拿出时间来研究船上布置、应急标志,以及从你的舱室到你指定的集合地点和最近的开敞甲板的脱险通道。

现在请试穿你的救生衣。如有儿童同行,请向船上服务员为每个孩子要一件救生衣并让他/她们穿上。

全船都张贴着应急须知和注意事项,上船后遵循这些要求是很重要的。如果你有任何关于安全的问题,请不要犹豫,立刻询问任何一个船员或工作人员。

(四)应急警报信号

船舶常用应急警报信号如表 3-1-3 所示,一般由驾驶台使用通用应急报警系统(General alarm system)发出,也可辅以有线广播。应在所有起居处所和船员通常工作处所都能听到通用应急报警系统的报警,在客船上,所有开敞甲板都应能听到通用应急报警系统的报警。

表 3-1-3　船舶常用应变警报信号

应急种类	信号说明	信号图示	辅助示位信号
消防	乱钟或短声连放 1 分钟	·（1 分钟）	前部:一长声— 中部:两长声—— 后部:三长声——— 机舱:四长声———— 上甲板:五长声—————
弃船(救生)	七短声一长声,重复连放 1 分钟	·······—	
堵漏(进水)	两长声一短声,连放 1 分钟	——·	
溢油	一短声两长声一短声,连放 1 分钟	·——·	
人员落水	三长声,连放 1 分钟	———	右舷:一短声· 左舷:两短声··
解除警报	一长声或口头宣布	—	

对于其他紧急情况的警报信号,船公司可根据情况具体规定,如我国多数滚装客船上,如果车辆舱失火,消防警报后通常以六长声表示车辆舱失火,还可以在辅助示位信号后加车辆舱集合示位信号,如"一短声表示首部集合,两短声表示中部集合,三短声表示尾部集合"。船公司在船员岗前培训和船舶应急培训时,应确保所有船员熟知这些额外的警报信号所代表的含义。

二、逃生路线和安全标志

1. 逃生路线

客船应在多个重要场所张贴该处所的逃生路线(Escape route)示意图,图上应标明各梯口、出入口和各登艇点的位置及走向。这些示意图可张贴在旅客生活区的各个位置,如休息室、餐厅、主要走廊、重点舱室和其他旅客活动场所。船公司应通过培训和考核的方式使船员熟悉重要场所乃至全船的逃生路线,并通过应急演习、宣讲等方式使旅客了解相关信息。

按照 IMO 的要求,优先考虑的路线称为主逃生路线,用绿色实线箭头表示;主逃生路线不可取时可供选择的路线称为辅助逃生路线,用绿色虚线箭头表示。图 3-1-3 是船舶和海上技术　船上消防、救生设备及逃生路线布置图［GB/T 21485—2008（ISO 17631:2002,IDT)］给出的客船逃生路线示意图样例。

2. 安全标志

船上主要的救生、消防设备及集合点等重要位置都应有醒目的标志,走廊内每隔适当距离,也应标有指明通道走向的箭头标志并注明去向。每个船员都应熟知这些安全标志,并应能向旅客做出解释。IMO 以 A. 1116(30)决议通过了"脱险通道标志和设备位置标识"最新标准,该标准适用于 2019 年 1 月 1 日或以后建造的船舶,以及 2019 年 1 月 1 日或以后在 SOLAS 第Ⅱ-2 和/或Ⅲ章范围内修理、改建、改装和舾装的船舶。标志主要分为七类,即逃生标志(MES)、紧急设备标志(EES)、救生系统和设备标志(LSS)、消防设备标志(FES)、禁止标志(PSS)、危险警告标志(WSS)、强制性行动标志(MSS)。图 3-1-4 是 IMO 规定的部分安全标志。

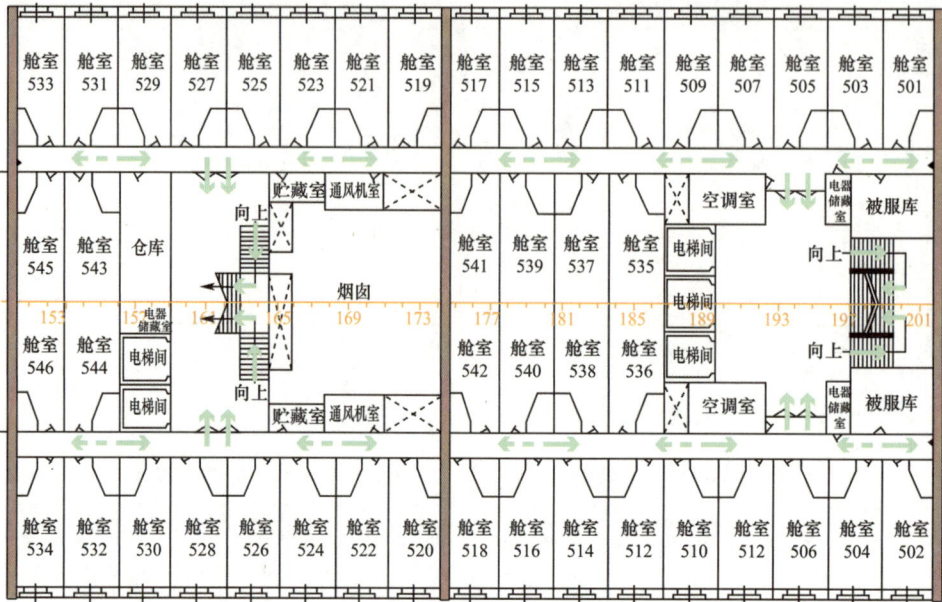

图 例	
符号	描述
←	主逃生路线
←-	辅助逃生路线
▮	主餐区

图 3-1-3　客船逃生路线示意图样例

(1) 集合站　(2) 紧急出口　(3) 向右推开(门)　(4) 顺时针开门　(5) 推门右侧开

(6) 通用报警系统　(7) 安全设备　(8) 救生艇　(9) 救生筏　(10) 救助艇

(11) 撤离滑道　(12) 撤离滑梯　(13) 登乘梯　(14) 救生圈　(15) 救生衣

(16) 儿童救生衣　(17) 保温服　(18) 急救站　(19) 应急担架　(20) EEBD

图 3-1-4　IMO 规定的部分安全标志

三、逃生时使用电梯、升降机的限制

客船上的电梯或升降机,主要用于运载旅客、行李和货物,用于运输旅客的电梯只能在平时安全状态下使用。船员应清楚地认识到,紧急情况下使用电梯或升降机存在诸多风险,如:

(1)船舶可能随时断电而导致人员被困。

(2)发生火灾时,烟雾可沿着电梯井迅速扩散。

(3)匆忙逃生可能引起电梯超载;过多人员拥进电梯可能使电梯门无法关闭,从而导致更大的灾难。

(4)船舶倾斜时,电梯的垂直方向随时可能发生改变从而无法正常运载船员及旅客。

因此,当船舶处于紧急状态时,必须在船长做出决定后,方可使用电梯。而在火灾或弃船逃生过程中,禁止使用升降机和电梯。船舶应在张贴的应变须知、电梯使用须知以及应急广播中,向旅客告知电梯、升降机的使用限制要求。

第二节
旅客撤离程序

当船舶发生严重危险情况,自救无效,外援又无法及时到达时,船长宣布弃船命令,并协助旅客快速地到达集合和登乘地点,这是逃生的重要环节。

一、下达清晰、稳定人心的命令

紧急情况发生后,为有效地实施应变部署行动,维持旅客秩序,尽快疏散逃生,船员应能向旅客下达清晰、稳定人心的命令,主要方式包括通过公共广播发布应急声明、现场口头传达信息和指令。

1. 通过公共广播发布应急声明

SOLAS 公约要求,客船应配备公共广播系统(Public address system)或其他有效通信设施,能在遍及所有起居处所、服务处所、控制站和开敞甲板的范围均可使用。使用公共广播发布应急声明可以使全船人员及时获得相关信息。紧急情况下,客运负责人(如客运主任)应在船长的统一指挥下,根据掌握的情况亲自指导广播应急声明,稳定旅客的情绪。广播时应情绪稳定,语调平稳,速度适当,吐字清晰有力;内容要简练,并有安慰指示性语句,以防止旅客惊慌而发生混乱。

火灾情况下的应急声明样本如下所示。

各位旅客:

请注意! 请注意! 下面广播紧急通知。

我轮的主甲板前部客舱失火,正在按照应变部署进行灭火。请无关旅客回到自己的客舱。有危险的旅客请按照我轮船员的指示去做,请旅客们不要惊慌,我轮配有完善的消防系统,估计火势很快会被控制住。稍后将继续广播灭火工作情况。

弃船情况下的应急声明样本如下所示。

各位旅客：

请注意！请注意！下面广播紧急通知。

我轮因与不明船舶发生碰撞(火灾不能控制/触礁漏水不能控制/……)，船体受到严重损坏，现在必须使用救生设备离开本船。请大家不要惊慌，保持镇定，按照指示做好如下几件事情：

(1)穿好自己的衣服并按照工作人员的演示穿好救生衣；

(2)不要携带较大的包裹；

(3)发扬团结互助的精神，照顾好老人、小孩；

(4)请旅客们服从工作人员的指挥，我们将分批离船。

2.现场口头传达信息和指令

船员和工作人员都应在自己所负责的客舱或场所范围内稳定旅客情绪，认真收听广播通知的内容，根据广播通知的要求，组织旅客撤离，并向旅客传达他/她们没有听清或没有理解的信息。讲话时语速不宜过快，用语简洁、语气果断、声音响亮，使现场人员都能听到，能体现出自己的信心和威信，从而使旅客获得信心。注意使用稳定人心的指令，如"旅客请安静""请按照我们的指示行事""旅客们不要惊慌""我船的救生设施很齐全"等；国际航线的客船，船员和工作人员可以直接使用 SMCP"B4 旅客照管(Passenger care)"的相关指令，如有可能，则应使用旅客的母语传达相关信息和指令。

在慌乱的环境中，旅客可能总是询问更多的信息，对此应给予充分的理解，应告诉旅客自己了解的情况，但不要提供过多的信息，尤其是猜测性的信息，更不可伪造信息或传播谣言。

二、管理走廊、楼梯和通道处旅客

为避免旅客撤离时不分先后、一拥而上，从而发生拥堵影响撤离疏散，在管理和控制走廊、楼梯和通道处旅客时，应遵循"分层分舱离船法"，即弃船逃生时靠近艇甲板的一层旅客先离开舱室，沿救生通道奔向登乘站，而在同一层甲板的旅客应遵循就近的原则，离救生通道最近的舱室先行动。在具体操作时，需要注意以下问题：

(1)对行进路线发出清晰而镇静的命令，确保旅客能清楚地分辨出逃生路径的指示。

(2)按照撤离顺序，各自引导负责区域的旅客沿逃生路线迅速撤离，并保持旅客人流向前移动。

(3)如被问及的问题较简单，可直接回答；如不便回答，应向其说明到达集合地点会详细解释，确保人流不滞留、行动不延迟。

(4)关闭所有规定路线以外的出口。

(5)了解船上的应急照明设备，必要时携带应急灯。

(6)如遇家庭成员失散，要让他/她们保持镇静，并通过船员间通信设施确定其他成员的位置，并对其进行安慰，说明会尽力使其团聚。

(7)对儿童行动应指派人员直接进行控制管理。

三、保持逃生通道畅通

船上任何时候都应保持逃生路线畅通无阻，禁止堆放杂物、行李等，也不能有清洁车、临时维修工具等障碍物。船员和其他工作人员应对逃生通道是否畅通多加注意，一旦发现有妨碍撤离的障碍物,应立即清除。

弃船时应禁止旅客携带包裹,必要时不准携带任何随身物品。在组织旅客撤离时,船员通常会在前面引路,许多船上还为引路船员提供了醒目的衣服和撤离时的指示牌(如图3-2-1所示),以便于旅客辨识。引路时,船应注意招呼并照顾跟随在后的旅客。

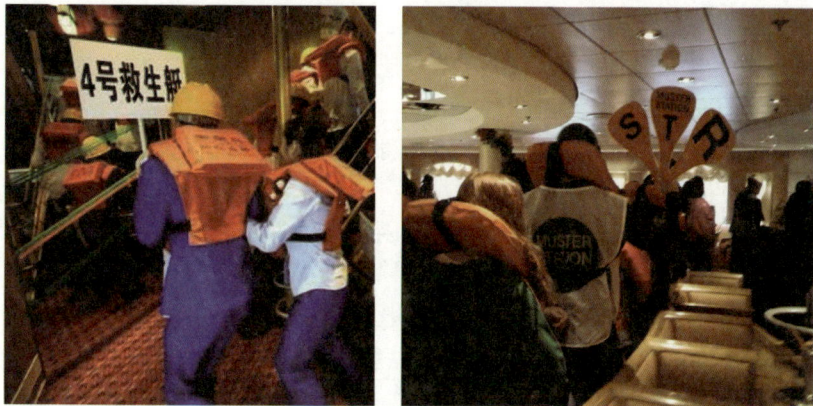

图 3-2-1　旅客撤离时引路船员穿着醒目的衣服和撤离时的指示牌

在梯道口、拐角等处,应安排船员指引旅客撤离并维持秩序,确保旅客有序地撤离,避免旅客在逃生通道中滞留,如图3-2-2所示。

图 3-2-2　船员在梯道口、拐角指引旅客撤离

撤离过程中,如果有人员跌倒,应设法暂时阻止人流,迅速扶起摔倒的人员,以免造成踩踏伤亡事故,导致逃生通道堵塞。

四、组织残疾人员及需要特别协助的人员撤离

1. 快速统计

船员和工作人员应在开航前对所有在船人员进行清点,统计好自己负责客舱范围内的老弱病残旅客的情况,在开航之前进行记录并通知船长。航行过程中,船员和工作人员还应注意可能出现的其他不能自我照顾的情况,如醉酒、受伤、急躁、焦虑或情绪失控等,发现后应立即报告。在紧急情况下,应明确这些人员的位置和状况。

2. 组织撤离

对残疾人员及需要特别协助的人员,有亲人陪伴的,应让其亲人护送其撤离;无亲人

陪伴的,尽量动员周围旅客协助其撤离,必要时安排或联系船员协助其撤离。应尽可能使他/她们保持镇静。可以使用轻便的疏散椅或应急担架协助其撤离。

五、搜索旅客居住的舱室和公共场所

1. 搜索旅客居住的舱室和公共场所的意义

旅客撤离至集合和登乘地点后,船员必须搜索旅客居住的舱室和公共场所,以确保所有人员均已撤离,以免存在下列遗漏情况:

(1)个别旅客因为某种原因仍然滞留在客舱内,如突发疾病、醉酒、行动不便、不理解紧急情况、绝望轻生等。

(2)个别旅客在撤离行动中迷失方向、受困于船舶某处,从而与人群失散,无法及时到达集合和登乘地点。

(3)个别旅客可能会在他/她们自认为能逃脱危险的舱室或其他场所寻求安全地点。

2. 搜索旅客居住的舱室和公共场所的方法和注意事项

(1)分组进行,行动要快。

(2)根据上船登记情况,首先搜索旅客的舱室,若时间允许,应逐舱逐铺搜索。

(3)采取呼喊的方法,询问舱内有无旅客。

(4)须对船上所有舱室、公共场所和其他地方进行彻底搜索。

(5)遵循应急程序,对已搜索过的区域在舱门和应急计划、船舶平面图上做好标记,如图 3-2-3 所示,并通过通信装置及时向驾驶台或集合地点传递信息,以免重复搜索。

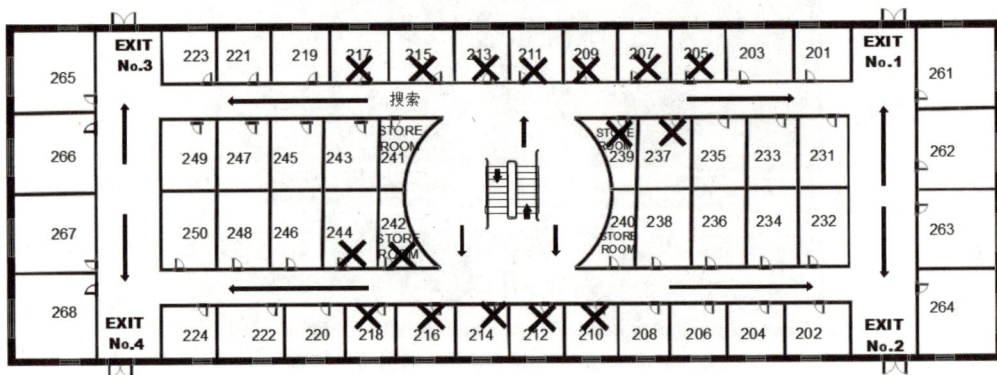

图 3-2-3　在船舶平面图上标注已经搜索的舱室

六、到达集合地点后的人群管理

当组织旅客撤离到达集合地点后,现场的船员应加强对旅客秩序的管理,为后续的组织旅客离船工作做好准备,如图 3-2-4 所示。

(1)根据分工,将自己引导的旅客安排在集合地点的指定位置,注意先到的旅客应安排到集合地点的中央或里侧位置,以免拥堵入口处。

(2)维持旅客秩序,告诉先到的旅客保持镇静和耐心,等待其他人员的到来,并且向旅客说明,船公司会妥善解决有关的善后问题,使其放心。

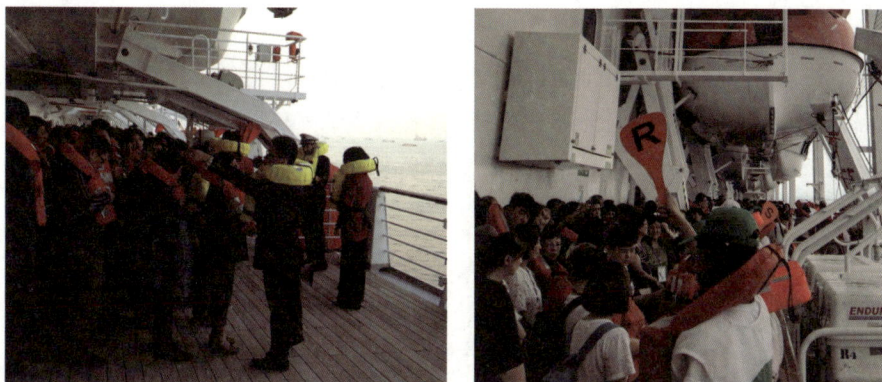

图 3-2-4　集合地点的旅客管理

（3）应考虑失散的家庭需要了解失散成员的情况,利用船上通信装置进行寻找,必要时派专人到其他集合地点寻找或护送使其会合;对于举止失常的旅客,应安排人员进行安慰,应避免使用过激的恐吓语言,切勿表现出敌对情绪。

（4）检查旅客的着装和救生衣的穿着情况,如有需要,应给予相应的帮助。

（5）加强搜索,以确保所有人员均已到达集合地点。

七、组织旅客离船

一旦旅客集合完毕,船长应立刻组织船员安排旅客和船员登乘救生设备离船。通常,登上救生艇筏的顺序是:先旅客,后船员,最后是船长;妇女儿童优先,伤病员优先。登乘救生艇筏的主要方法有:从登乘甲板直接登乘救生艇筏,借助登乘工具登乘救生艇筏,以及使用海上撤离系统登乘救生艇筏。

(一)从登乘甲板直接登乘救生艇筏

当救生艇筏摇出舷外,或者自由降落式救生艇做好降放准备时,船员应组织旅客按照顺序迅速登上救生艇筏,如图 3-2-5 所示。登乘时应注意安全,并组织旅客快速、有序地登乘,制止旅客登乘时的争抢行为,并提醒旅客一定要抓紧需要扶握的地方,脚底不能踏空。登乘气胀式救生筏时,应提醒旅客取下或不要携带身上的锋利物件,必要时应将硬底鞋脱掉。

图 3-2-5　旅客从登乘甲板直接登乘救生艇筏

(二)借助登乘工具登乘救生艇筏

当救生艇筏已经降落至水面时,则需要借助登乘梯(Embarkation ladder)、救生索(Grab line)等工具离开难船,登乘救生艇筏,如图 3-2-6 所示。

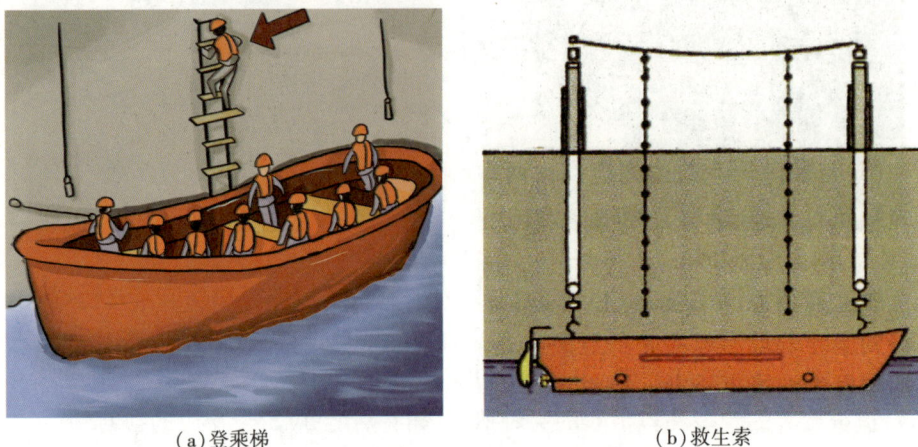

(a)登乘梯　　　　　　　　　　　　(b)救生索

图 3-2-6　借助登乘工具登乘救生艇筏

使用登乘梯时,应注意不能同时多人超负荷攀附梯子;若梯子上同时有两个以上人员时,上方的人员应注意下方的人员的安全。攀附时,应有专人指挥,梯子上下两边应有专人协助;攀附者的手应抓牢扶手绳,脚应踏稳踏板,手脚交替、协调动作,逐级快速攀附梯子。

使用救生索时,两手握紧救生索,两脚蹬在救生索结上,两手交替向下把握绳索,两脚逐级向下蹬牢绳索结,直到登上救生艇筏。严禁从半空中直接跳下。

(三)使用海上撤离系统登乘救生艇筏

海上撤离系统(Marine evacuation system)是客船上配备的一种重要的登乘设备。当海上撤离系统布放完毕后,应先安排一名有经验的船员到登筏平台,检查其是否有破漏、平台其他安全设施是否安全和正常等。组织旅客撤离时,应分别在撤离系统的入口、出口及平台上,安排经过训练的、有经验的船员来指挥、疏导其他人员。船上还应建立一套简单明确的通信方法,确保上述人员能够理解和熟练掌握该方法。通信方法可分为可视或可听,前者包括手势、指示灯等,后者包括呼喊、无线电通信、扩音器等,具体可参照《船舶与海上技术　海上撤离系统通信方法》(GB/T 28947—2012/ISO 27991:2008)。

1. 入口处的指挥人员的工作

入口处的指挥人员应疏导人员依次进入海上撤离系统,控制进入撤离系统的人员的速度和两人之间的时间间隔,以免相撞。应边指挥边指导进入撤离系统的动作,安抚胆怯人员和旅客的情绪,说明系统的安全性和撤离的必要性。提醒要进入撤离系统的人员,不要携带锋利物件,必要时要求其脱掉鞋子。入口处的指挥人员指挥并指导旅客进入海上撤离系统如图 3-2-7 所示。

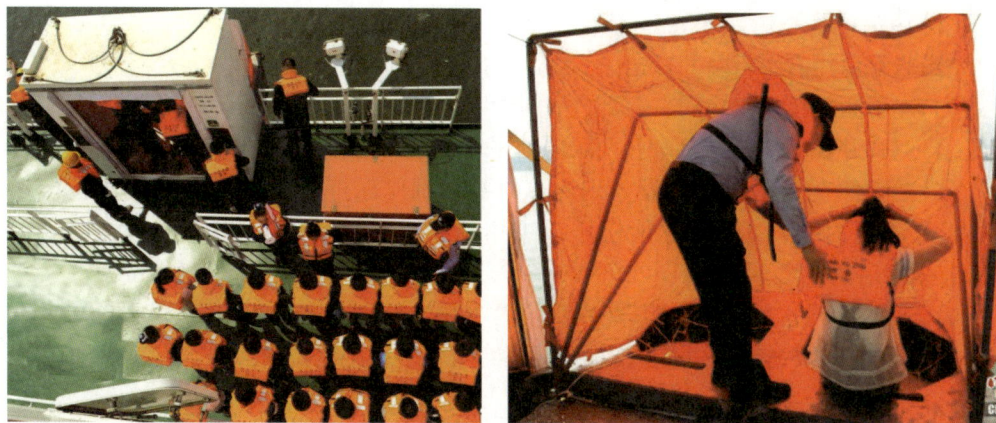

图 3-2-7　入口处的指挥人员指挥并指导旅客进入海上撤离系统

2. 平台上的疏导人员的工作

系统出口处的人员应指挥、引导在出口出现的人员立即离开出口,防止集中堵塞或依次下来的人员相撞,尤其要协助妇女儿童、老弱病残人员尽快离开出口;应注意与入口处指挥的人员保持紧密联系,协调人员滑落的时间。其他人员应及时将出口处的人员引导到要登乘的救生艇筏旁边,协助和指导人员登上救生艇筏。应掌握每个救生艇筏的额定乘员的数量及已经登乘人员的数量,满员后协助艇筏内人员将其与登筏平台分离,再组织余下人员登乘其他救生艇筏。平台上的疏导人员正在指挥与疏导人员撤离如图 3-2-8 所示。

图 3-2-8　平台上的疏导人员正在指挥与疏导人员撤离

(四) 从船上跳水求生

如果情况允许,应尽量组织旅客从遇难船上直接登上救生艇筏,以避免跳入水中后身体会受寒冷刺激的影响。万不得已必须跳水逃生时,为了减少入水时可能受到的伤害,应以正确的方法自船上跳入水中。

1. 跳水位置的选择

跳水位置最好应选择在高度不超过 5 m 的地方;最好选在上风舷的船首或船尾部分,尽量远离船体的破损口,大船倾斜时应选择在低舷的一侧;跳水前,应注意查看水面,避开水面上的障碍物或其他落水者。

2. 指导旅客采用正确的姿势跳水

跳水时,船员应指导旅客采用正确的姿势,大声告知其动作要领:

（1）穿妥并系紧救生衣；

（2）吸气后用右手将鼻和口捂紧；

（3）左手紧拉住救生衣的右上部，两手肘部夹紧救生衣；

（4）双脚并拢，身体保持垂直，两眼向前平视，然后向前跨出一步，后腿跟上；

（5）两脚伸直夹紧，整个过程直到入水时身体都应保持头在上、脚在下，双手不能松开，直至人从水中浮出水面后才能松开口、鼻和救生衣。

3. 入水后的注意事项

船员在旅客跳水前，应告知其跳入水中后尽快离开遇难船，游向周围的救生艇筏；水中等待救助时，不要游泳或做无谓的剧烈活动，而应采用仰浮姿势。

第三节

旅客集合程序

旅客在集合过程中，船员和工作人员应遵循应急程序，并注意工作方法，应维持好旅客的秩序，确保旅客能快速地完成集合过程，还应清点好旅客的人数，以便所有人能尽快逃生。

一、维持旅客秩序的重要性和方法

1. 维持旅客秩序的重要性

在 2012 年 1 月 13 日发生的"歌诗达·协和"（*Costa Concordia*，也译作"康科迪亚"）号触礁事故中，大多数船员缺乏应对突发事件的经验和能力，不知道该如何指导旅客逃生，致使现场秩序混乱。根据获救旅客的描述，到处都是惊慌失措、躁动不安的拥挤人群，人们为了抢先登艇拥作一团，许多人被挤下舷梯，还有不少旅客出于对船舶沉没的恐惧，自行跳船逃生。其中有一名 70 多岁的男性乘客，就是因为跳入冰冷的水中突发心脏病而不幸身亡。该船船长和船员对拥挤人群的管理不当，致使逃生秩序混乱，是产生事故严重后果的重要因素之一。

混乱的秩序、声音嘈杂喧闹的情况会令船员和工作人员的指令无法正常传达，加剧旅客的恐惧心理，使旅客争先抢挤、堵塞通道、自相践踏，撤离队伍无法行动，甚至可能会发生混乱，使救援行动无法继续，从而导致灾难性的后果。因此，维持旅客秩序至关重要。良好的旅客秩序是旅客顺利、安全、快速撤离的先决条件，尤其是旅客撤离到集合地点之后，良好的旅客秩序有利于船上工作人员尽快完成清点工作，方便旅客尽早并顺利地使用救生设备逃生。

2. 维持旅客秩序的方法

在明确其重要性的基础上，船员在具体实施时应注意掌握方法，包括：

（1）下达指令时应站在显要的位置，如高台、桌子或椅子上，如图 3-3-1 所示，穿上明显易辨认的衣服、救生衣或戴上明显易辨认的帽子。目前很多大型客船，为船员配备的救生衣在颜色方面与旅客的明显不同，以引起旅客的注意，尽量使所有的旅客都能看到。

图 3-3-1 在集合地点维持旅客秩序

（2）条件允许的话使用麦克风或扬声器,确保指令能够传达给每一位旅客。

（3）其他船员和工作人员应按照各自所在的集合点,协助维持旅客秩序,要求旅客尽量保持安静,以便听清指令,尽快使用救生设备离开遇险船舶。

二、减少或避免旅客恐慌的程序

1. 保持自信和领导力

首先,船员应保持镇定,行动和语言应果断,保持自信,从而获得旅客的信任,使旅客保持信心。船员还应保持足够的威信和领导力,才能防止谣言散布,从而减少或避免旅客的恐慌,使相关指令得以顺利执行。

2. 减少或避免旅客恐慌的措施

（1）广播通知或口头传达时,避免使用过激的恐吓语言,应镇定地告诉旅客,只要按照工作人员的指示去做,一定会平安无事。

（2）合理地与旅客进行沟通,要求旅客不要大声喧哗、吵闹、议论,要保持肃静,以方便船员的指导和分配工作,尽量避免给人一种恐慌或悲观失望的感觉。

（3）及时、简明、准确地将信息和事故处置措施告知旅客,以免旅客胡乱猜测或散布谣言。

（4）照顾好老弱病残旅客,不能让他/她们留在最后走,否则他/她们可能厉声尖叫、哭闹,仿佛已处在绝望之中,易引起其他旅客恐慌。

（5）到达集合地点后,要及时告诉先到者保持镇静和耐心,等待全体人员到齐;对于家庭成员失散的情况,应安排工作人员给予帮助,要求其不要离开现在的位置,尽量利用船上通信装置进行寻找,必要时派专人到其他集合地点寻找或护送使其会合。

（6）对于举止失常的旅客,应安排指定的人员进行安慰,应避免使用过激的恐吓语言,切勿表现出敌对情绪。

三、使用旅客名单清点撤离人数

当旅客撤离到集合地点和安全地带以后,应及时根据上船时准确的旅客人数快速清点撤离人数,其具体程序为:

(1)指导旅客以单列纵队的形式登乘艇筏;

(2)清点每一救生艇筏上的人数;

(3)向驾驶台报告已登艇筏的旅客人数。

总指挥应安排人员及时汇总撤离和登乘艇筏的人数,应重点关注那些可能没有到达指定集合地点的旅客,应彻底对居住舱室和公共场所进行搜索,确保没有疏漏。

四、确保旅客适当着装和正确穿着救生衣

1. 集合时对旅客强调合适着装的重要性

有人认为弃船后丧生的主要原因是溺水或饥饿致死,但大量的案例证明,弃船后使求生者丧生的主要原因是身体暴露在水中,尤其是在低温水中,即落水者所遇到的最大危险是通常所说的"过冷现象"。对于水中人员而言,热量损耗可能是其面临的最大危险,一方面,人体体表的隔热保温能力很差;另一方面,水的导热速度很快,通常比空气导热快26倍,也就是说,人体在水中散发热量的速度比在空气中快二十几倍。

1912年"泰坦尼克"(*Titanic*)号客船的沉没令世人震惊,同时也告诉人们浸泡在冰冷的水中会有怎样的后果。"泰坦尼克"号沉没1小时50分钟后,援救船赶到了现场,这时浸在0℃冷水中的1 489人无一幸存。造成这一惨剧的原因之一便是没有准备防护衣服,浮具不足,以及缺乏救生常识。如果遇难者多懂得一些应对冷水的知识,将会有很多人得救。几乎所有救生艇上的人都活着,从另一个侧面也说明了这一点。

需要跳水求生时,跳水前应多穿保暖、不透水的衣服,尽管这些衣服会湿透并紧贴在身上,且其导热性与水的导热性相差无几,但入水者身体表面与所穿的衣服之间可形成一层较暖的水包围全身,而衣服又能阻止这层暖水与周围冷海水的交换与对流,因此可以大大延缓体温下降的速度。

因此,弃船命令发出后,船员和工作人员应通过公共广播系统、口头传达等方式,通知并向旅客强调要多穿保暖防水的衣服,戴上手套和帽子,将头、颈、手、脚遮护好,袖口、裤管口、腰带等扎紧,如有可能,多带毛毯等保温用品,同时提醒其正确地穿好救生衣。

2. 指导和检查旅客正确地穿着救生衣

组织集合的过程中,船员应准确地演示和指导旅客正确地穿着救生衣,对需要特殊照顾的旅客,应协助其穿好救生衣。到达集合地点后,船员应根据分工检查旅客的着装和救生衣的穿着情况。如发现个别旅客未穿着或携带救生衣,则应使用集合地点所配置的额外救生衣,并确保其穿着正确。

第四章
危机管理与应急程序

适用范围：T062。

　　船舶危机管理是指船舶发生危机后,通过事先拟定的预案对发生的危机进行处理,使已呈现的恶性事故或状态得到控制或恢复常态。广义的船舶危机管理是指对船舶危机事件前、事件中、事件后的所有方面的管理;狭义的船舶危机管理是指对船舶危机的管理。从时间角度来说,前者包括危机前、危机中和危机后的管理,后者强调危机发生后的管理。本书中的危机管理侧重于狭义的危机管理,即客船发生事故后所采取的行动、措施等危机反应。对此,船员应了解客船应急计划和程序,并通过有效的培训和演习,具备能够针对不同的紧急情况迅速做出正确反应的能力。

第一节

客船总体设计和布局

　　在制订或熟悉、实施任何应急计划之前,熟悉船舶的总体设计和布置是必要的。客船的上层建筑高大,旅客舱室和娱乐设施众多,结构布置较其他类型船舶更为复杂,船员上船后,需要及时地熟悉全船的结构和具体的细节,并能清楚地向旅客进行介绍。

一、客船结构的基本知识

　　船舶包括主船体和上层建筑两个部分。主船体(Hull)即船舶主体,是指上甲板以下的船体。上甲板以上的部分统称为上层建筑(Superstructure)。

1. 船舶各部位的名称

船舶各部位的名称如图4-1-1所示。船舶的前端称为船首(Head),习惯上称为船头,船首弯曲的部分称为首部(Bow);后端称为船尾(Stern),船尾弯曲部分称为尾部或尾舷(Quarter);中间部分称为船中(Midship)。

经过船首和船尾,将船体分成左右对称的两部分的直线称为首尾线(Fore and aft line)或纵中线。船舶的两边称为船舷(Side),从船尾向船首方向看,首尾线的左边称为左舷(Port side),首尾线的右边称为右舷(Starboard side)。与首尾线中点相垂直的方向称为正横(Beam),在左舷的称为左正横(Port beam),在右舷的称为右正横(Starboard beam)。

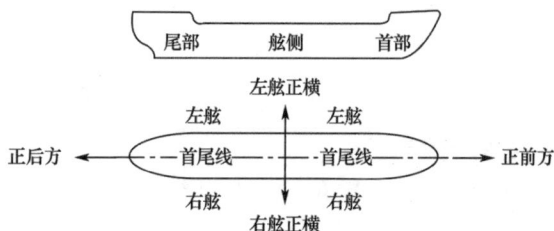

图 4-1-1　船舶各部位的名称

2. 船舶甲板

甲板(Deck)是船体的重要构件,是将船体内部空间水平分隔成层的大型板架。最上边一层贯通船首尾的统长甲板称上甲板(Upper deck),这层甲板如果所有开口都能密封并保证水密,则又可称主甲板(Main deck)。主甲板以下的各层统长甲板,从上到下依次叫二层甲板、三层甲板等,统称下甲板(Lower deck)。在主甲板以上的甲板是按照该层甲板的舱室名称或用途来命名的,包括:

(1)罗经甲板(Compass deck)

罗经甲板又称顶甲板(Top deck),是船舶最高一层露天甲板,位于驾驶台顶部,其上设有桅杆及信号灯架、各种天线、探照灯和标准罗经等。

(2)驾驶台甲板(Bridge deck)

驾驶台甲板是设置于驾驶台的一层甲板,操舵室、海图室等房间都布置在该层甲板上。

(3)艇甲板(Boat deck)

艇甲板是放置救生艇或救助艇的甲板,要求该层甲板位置较高,艇的周围要有一定的空旷区域,以便在紧急情况下能集合人员,并能迅速登艇。

(4)起居甲板(Accommodation deck)

起居甲板是主要用来布置船员、旅客住舱及生活服务的辅助舱室的甲板。

(5)游步甲板(Promenade deck)

游步甲板是客船上供旅客散步或活动的甲板,甲板上有较宽敞的通道及供活动的场所。

客船因上层建筑高大,甲板层数较多,多采用编号的形式作为参照,以便船员和旅客识别,如图4-1-2所示。

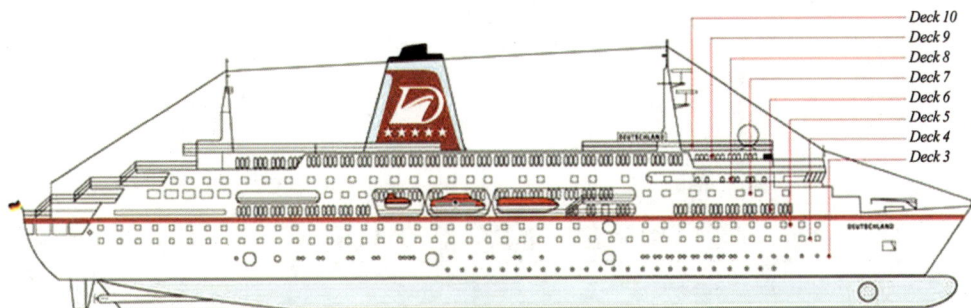

图 4-1-2　客船甲板参照系统

除了以这种中规中矩的数字或字母编号命名外,有些客运公司,尤其是豪华邮轮公司,还会采用独特的甲板命名方式,如以甲板的功能命名,或以歌剧名称、世界奇迹名称、星座名称等命名。

3. 船体结构

船体是由许多骨架支撑着外板组成的一个水密外壳。船体骨架包括纵骨、肋骨、横梁、支柱等。首尾向的骨架称为纵骨,横向环绕船体的骨架称为肋骨,其顶部用来支撑甲板的称为横梁。外板是构成船体底部、艏部和舷侧的外壳,也称为船壳板。

舱壁是将船体内部空间分割成舱室的竖壁。沿着船宽方向设置的舱壁称为横舱壁,沿着船长方向布置的舱壁称为纵舱壁。

客船均设有双层船底,其作用是增强船体强度,增强船舶抗沉能力,有效利用空间,降低船舶重心,增加稳性,改善操纵性,调节纵倾和横倾等。在双层底上面的一层纵向连续板,称为内底板。

二、客船布置图

(一)客船布置图的基本内容

总布置图是船舶总体布置图,全船的舱室、上层建筑及甲板室、通道、扶梯,以及各种主要设备、装置、系统等的布置位置和型式都表示在总布置图中。图 4-1-3 所示为某客船总布置图。

1. 侧视图

(1)表示全船侧面概貌,如上层建筑的型式、层数、长度,舷窗、烟囱、桅等的设置情况。

(2)表示船舶主体内部舱室划分情况,如甲板及平台层数和位置、各种舱室的纵向布置范围等。

(3)表示船舶设备如锚与系泊设备、救生设备等的布置概况。

2. 甲板和平台的平面图

(1)表示某层甲板或平台上的每一个舱室、门、舷窗、通道、扶梯等在船长方向和船宽方向的具体位置。

(2)表示甲板或平台上的各种设备、家具、用具等的具体位置。

3. 舱底平面图

(1)内底板上面的舱室和设备的布置情况。

（2）双层底的内部空间划分,液舱和隔离空舱的布置等。

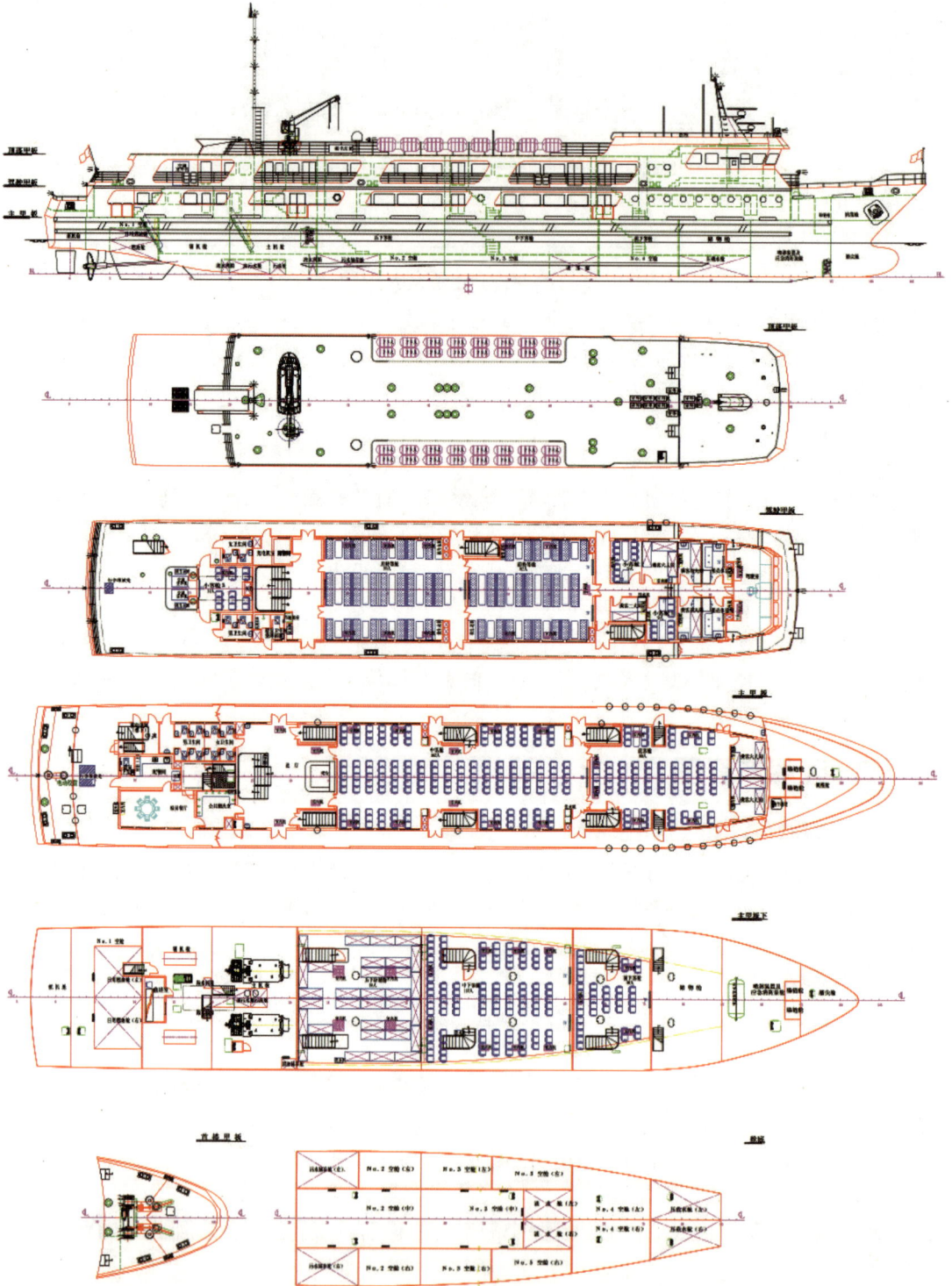

图 4-1-3　某客船总布置图

大型客船为了便于旅客识图,通常在旅客活动区域张贴更为简单、直观的平面示意图,如图 4-1-4 所示。

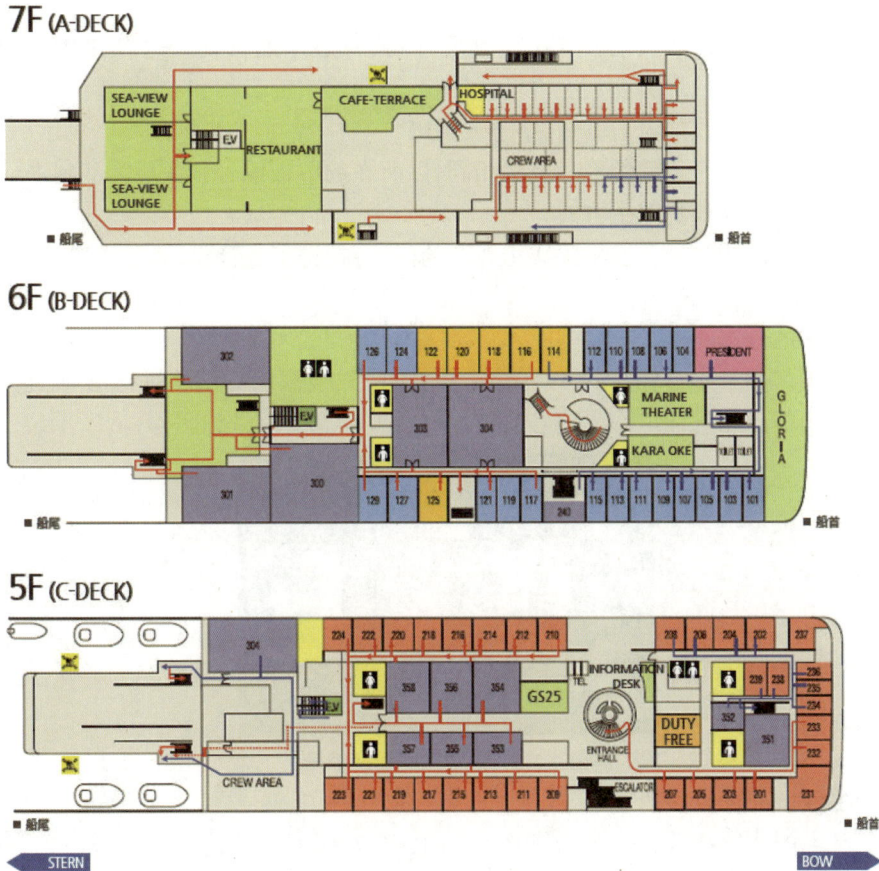

图 4-1-4 某客船部分甲板的平面示意图

(二)识图要求

船员和工作人员应能正确识读船舶平面图,掌握并能向旅客解释以下内容:

1. 甲板参照系统

如前文所述,船员应了解船舶甲板的编号和命名规则,能准确地识别甲板参照系统。客船每层甲板上通常都张贴甲板的相关指示标志,如图 4-1-5 所示,能简洁、清晰地对甲板情况进行说明。

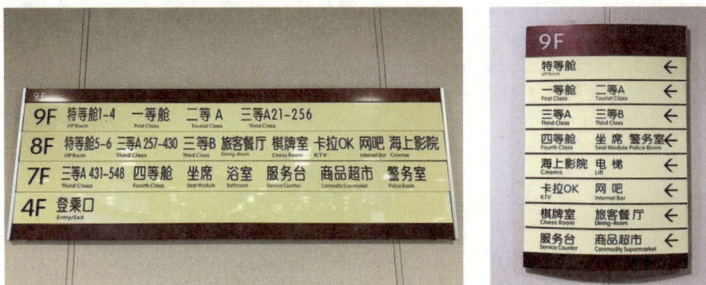

图 4-1-5 甲板指示标志

2. 门和楼梯的编号

与甲板的编号和命名相似,船舶舱室门和通道、楼梯等也应编号。我国的船舶规范要求,以舱室所在的甲板编号和底板为基础,对每层甲板的舱室进行编号,即编号由两部分组成,前一部分为甲板编号,后一部分为舱室序号,一般从船首到船尾、从右向左依次编号。所有舱室和出入口均应在门上方设置铭牌,写明舱室的名称和/或编号。铭牌上的名称可采用适合特定航线的语言书写,字迹要清晰。

通道和楼梯的编号与门的编号方法相同,以所在的甲板编号和底板为基础进行编号。

3. 紧急出口及其他的逃生方式

许多客船平面图整合了逃生路线示意图的内容,标记了各梯口、紧急出口等的位置和逃生路线。

4. 集合点的分布

客船因旅客数量多,因此需要设置多个集合点,并根据船舶结构进行编号,通常在集合点标志旁边辅以字母标志作为编号补充。集合点标志及编号如图 4-1-6 所示。

图 4-1-6 集合点标志及编号

5. 救生设备的位置和使用

客船平面图还包括救生设备布置图(如图 4-1-7 所示),标记了救生设备的位置、数量等。

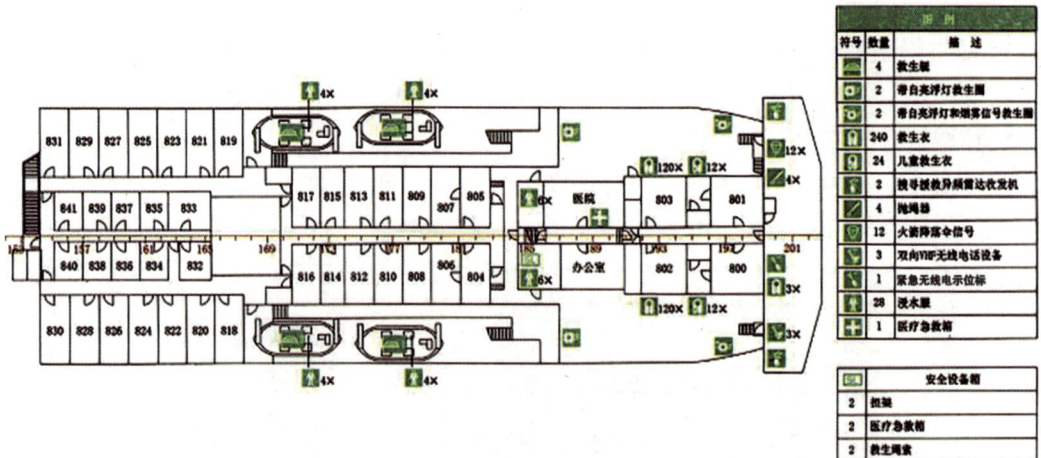

图 4-1-7 救生设备布置图

6. 船舶的任何特别之处

大型客船,尤其是豪华邮轮,其舱室的布置较为复杂,各种娱乐设施也比较特殊,也应在平面图上标识出来。

实际工作中,很多大型客船,在按照 SOLAS 公约要求向旅客做安全简要介绍时,常常结合识读船舶平面图的方式,如图 4-1-8 所示。

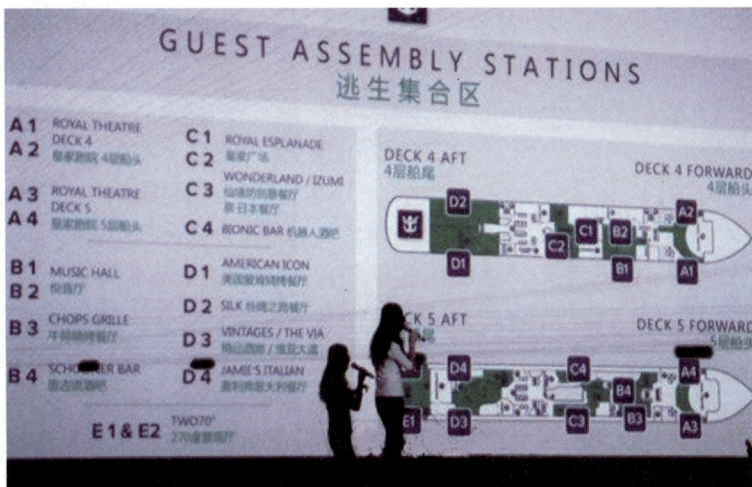

图 4-1-8　向旅客介绍船舶平面图

第二节
客船安全相关法规

客船安全历来备受关注,国际的相关公约、规则和我国的相关法规,涉及客船的内容较多,而且更新较为频繁。公司和船舶安全管理的规定和程序,应充分吸收与客船安全相关的公约、法规和规则,并对其做进一步的补充和细化;船员也应了解这些法规的基本内容,在此基础上熟练掌握公司的安全管理规定和程序,并能从中获得相关信息并灵活运用。

一、与客船安全相关的国际公约与规则

国际社会和有关的国际组织历来重视客船和滚装客船的安全问题,尤其是 IMO 的各项公约都对客船提出了一些特殊要求。

(一)国际海上人命安全公约(SOLAS 公约)

1912 年"泰坦尼克"(Titanic)号客船沉没事故的发生,使各国对船舶安全的重视上升到前所未有的高度。在英国政府的倡议下,1913 年相关国家在伦敦召开了第一次国际海上人命安全会议,并于 1914 年 1 月 20 日制定了第一个国际海上人命安全公约。公约的主要内容涉及船舶构造、分舱、救生和消防设备、无线电通信、航行规则和安全证书等方面。公约只适用于载有 12 名以上旅客的船舶,可以说,保障客船安全是 SOLAS 公约产生

的根本目的。作为 IMO 的支柱性公约之一,SOLAS 公约首先明确了客船的定义,1995 年进行修订时,首次将滚装客船的定义写入公约。

SOLAS 公约由 13 个条款和 1 个附则组成。附则是公约的重要组成部分,共 14 章,简述如下:

1. 第 I 章 总则

本章主要内容包括公约的适用范围、有关名词的定义、适用公约的例外、免除以及规则的生效;不同用途船舶法定检验的种类和检验的内容;各主管机关对船舶事故进行调查和向国际海事组织报告的义务。

2. 第 II 章 构造

第 II-1 章为结构、分舱与稳性、机电设备,主要内容包括:客船的水密分隔必须保证船舶在假定的破损后,仍将保持在一个稳定的位置、分舱等级,由两个相邻横舱壁的最大允许距离测得,规定了其随船长和船舶用途不同而不同。对于客船来说,船长越长,分舱等级越高。对机电设备的要求,目的在于在各种紧急情况下使其具有保证船舶、旅客和船员安全必不可少的功能。

第 II-2 章为防火、探火和灭火,主要内容包括:船舶的防火、探火和灭火的基本原则,固定式灭火系统的要求,消防设备的要求,机器处所的消防配备和特殊布置等通用要求,并根据各种不同种类船舶的特点,规定了船舶防火结构的布置,以及船舶防火、探火和灭火设备布置及配置方法。第二部分于 1981 年和 2000 年分别进行了重写,将有关消防设备、布置技术标准从公约中分离出来,成为一个独立的强制性规则,即《国际消防安全系统规则》(FSS 规则)。新的第 II 章第二部分与 FSS 规则一起构成了 SOLAS 公约中全新形式的防火、探火、灭火和逃生的消防安全模式。在保留了基本的规定要求的同时,还允许采用认可的替代消防安全设计和布置的方法。

3. 第 III 章 救生设备与装置

本章主要内容分 A 和 B 两部分,其中:A 部分是通则;B 部分是船舶和救生设备的要求,包括客船与货船、客船附加要求、货船附加要求三节,规定了适用于所有船舶的一般要求,并根据船型、设备、构造特征规定了船舶应配备的救生设备,确定其容量的方法,以及维修和随时可用性的要求,并有应急和例行演习的程序,同时分别对客船和货船规定了附加要求。

4. 第 IV 章 无线电通信设备

本章分 A、B 和 C 三部分:A 部分为通则;B 部分强调了缔约国政府的承诺;C 部分规定了船舶分海区应配备的无线电设备的类型以及无线电值班的操作、电源、性能标准、维修、无线电人员、无线电记录等要求。本章部分条款的要求还必须考虑到国际电信联盟(ITU)《无线电规则》的相关规定。

5. 第 V 章 航行安全

本章适用于所有航线上的所有船舶,而公约附则的其他章节只适用于从事国际航行的某类船舶。本章的主要内容为操作性条款,涉及保持对船舶的气象服务、水文服务、冰区巡逻服务、船舶航线、提供搜救服务、船舶运输服务、船舶报告系统等。本章规定了缔约国政府应从安全的角度保证所有的船舶得以充分和有效配员的一般义务,同时还规定了安装雷达和其他助航设备的要求以及驾驶台可视范围。

6. 第Ⅵ章 货物和燃油运输

本章主要内容为有关货物运输安全的要求,包括货物运输的一般规定、谷物以外的散装货物装运的特别规定、谷物装运的特别规定等。本章还对货物堆装、系固及装卸重点做了规定。

7. 第Ⅶ章 危险货物运输

本章规定了危险货物的分类、包装、标志和积载。

8. 第Ⅷ章 核能船舶

本章对军舰以外的核能船舶安全做出规定。

9. 第Ⅸ章 船舶安全营运管理

《国际安全管理规则》(ISM 规则)作为该章的附则成为强制性的规则。

10. 第Ⅹ章 高速船安全措施

对新型高速船(HSC),需要规定一个强制性的国际标准。

11. 第Ⅺ章 加强海上安全、保安的特别措施

第Ⅺ-1 部分:加强海上安全的特别措施,涉及对认可组织的授权,对油船、散货船强化检验及船舶识别号等内容。

第Ⅺ-2 部分:加强海上保安的特别措施,对缔约国政府应承担的海上保安的责任和义务做了相应的规定。由此产生一个附则,即《国际船舶和港口设施保安规则》(ISPS 规则)。

12. 第Ⅻ章 散货船附加安全措施

为了加强散货船的结构安全、稳性安全,特别制定本章要求。

13. 第ⅩⅢ章 符合验证

主要针对缔约国政府,应由 IMO 根据审核标准定期审核,以验证对公约的符合和实施。

14. 第ⅩⅣ章 极地水域营运船舶的安全措施

针对极地水域营运船舶的特殊要求,由此产生一个附则,即《极地水域船舶航行安全规则》(Polar Code)。

(二)国际船舶安全营运和防止污染管理规则(ISM 规则)

1987 年 3 月 6 日,英国滚装客船"自由企业先驱"(*Herald of Free Enterprise*)号由于前门没有关闭,一出港就因车辆舱大量进水而翻沉,造成 150 名旅客和 38 名船员死亡。同年,第 15 届 IMO 大会就通过决议,要求尽快制定一个关于船舶和"陆地管理部门"对滚装客船实施安全和防污染管理的指南,这是首次直接针对"陆地管理部门"。这个"指南"在 1989 年的 IMO 大会上通过并成为 A.647(16)决议,也就是 ISM 规则的原型。其 1994 年成为 SOLAS 公约的第Ⅸ章,从而成为强制性的规则。

ISM 规则的基本要求是:由负责船舶营运的公司建立并在岸上和船上实施经船旗国主管机关认可的安全管理体系(SMS),从而使公司能够具有船舶营运的安全做法和安全工作环境;针对已认定的所有风险制定防范措施并不断提高岸上及船上人员的安全管理技能,做到安全管理符合强制性规定及规则;并对 IMO、主管机关、船级社和海运行业组织所建议的规则、指南和标准予以考虑,最终实现保证海上安全、防止人员伤亡、避免对环境特别是海洋环境造成危害以及对财产造成损失的目标。

ISM 规则包括前言和正文两部分,正文部分包括实施(A 部分)和审核发证(B 部分),具体结构如图 4-2-1 所示。

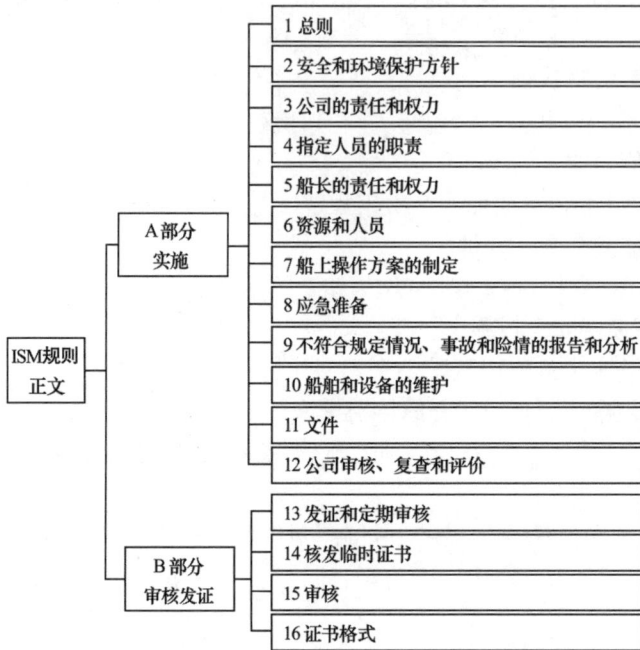

图 4-2-1 ISM 规则的正文内容结构

ISM 规则将客船列为第一类船舶,实施期限不迟于 1998 年 7 月 1 日。

(三)海员培训、发证和值班标准国际公约(STCW 公约)

1978 年 6 月 14 日至 7 月 7 日,IMO 在伦敦召开了外交大会,制定并通过了《1978 年海员培训、发证和值班标准国际公约》。STCW 公约为缔约国提供了一个普遍能接受的船员培训、发证和值班标准方面的最低标准,该公约于 1983 年 4 月 27 日达到了生效条件,于 1984 年 4 月 28 日生效。

STCW 公约 1995 年修正案列明了"滚装客船的船长、高级船员、普通船员和其他人员的培训和资格的强制性最低要求",1997 年修正案增加了"除滚装客船外的其他客船的船长、高级船员、普通船员和其他人员的培训和资格的强制性最低要求",2010 年马尼拉修正案关于客船船员的培训要求将上述两者进行了协调性的合并,合并后的条文名称改为"对客船船长、高级船员、普通船员和其他人员的培训和资格的强制性最低要求"。

STCW 公约明确海员在被指定在客船上任职之前,应按照其职务、职责和责任完成所要求的培训,包括:

(1)服务于客船的人员须按照 STCW 规则第 A－Ⅴ/2 节第一段的要求,完成与其职务、职责和责任相适应的客船应急熟悉培训;

(2)在客船客舱为旅客提供直接服务的人员须按照 STCW 规则第 A－Ⅴ/2 节第二段的要求完成安全培训;

(3)符合第Ⅱ、Ⅲ、Ⅶ章适任要求的客船船长、高级船员、普通船员和应变部署表上指定的在紧急情况下协助旅客的人员,须按照 STCW 规则第 A－Ⅴ/2 节第三段的要求完成

客船拥挤人群管理培训;

(4)客船船长、轮机长、大副、大管轮和应变部署表上指定的在紧急情况下对旅客安全负有责任的人员,须按照 STCW 规则第 A－Ⅴ/2 节第四段的要求完成经认可的危机管理和人的行为培训;

(5)滚装客船船长、轮机长、大副、大管轮和应变部署表上指派直接负责旅客登离船、货物装卸和系固、关闭船体开口的每个人员,须按照 STCW 规则第 A－Ⅴ/2 节第五段的要求完成经认可的旅客安全、货物安全和船体完整性培训。

STCW 公约要求上述人员应以不超过 5 年的时间间隔接受适当的更新知识培训或需要提供在最近 5 年内已达到规定的适任标准的证据。

(四)国际海运危险货物规则(IMDG 规则)

凡具有爆炸、易燃、毒害、腐蚀和放射性等特性,在运输、装卸和储存过程中,容易造成人身伤亡、财产毁损和/或环境污染而需要特别防护的货物,均属危险货物(危险品)。为保证危险货物的运输安全,IMO 制定出版《国际海运危险货物规则》。2004 年 1 月 1 日起,IMDG规则中的主要部分已成为 SOLAS 公约下的强制性规定。1996 年,我国交通部(今交通运输部)以 IMDG 规则为蓝本,制定并颁布了《水路危险货物运输规则》第一部分——水路包装危险货物运输规则(简称水路危规),该规则于 1996 年 12 月 1 日起在我国境内的危险货物水路运输中实施。包装危险货物是指,除通常所指的带包装的各类危险货物外,还包括载于集装箱、可移动罐柜、公路或铁路车辆等运输单元内的无包装固体或液体的危险货物。

IMDG 规则现行版本共分为 3 册,将危险货物按其主要特性和运输要求分为九个大类,每一大类又细分为若干小类。IMDG 规则明确规定,危险货物交付运输时,必须粘贴正确的标志、标记或标牌,以便于从事货物运输的各类人员能对所接触的货物迅速加以识别,正确认识其危害性,并采取相应的安全措施和应急行动。

按照目前国际和我国的相关法规,客船(包括客货船)在载客时不允许载运危险货物,应当注意的是,曾盛装过危险货物的空容器,除经清洗或处理外,均应保持其原危险货物标志,并将其视作所装过的危险货物对待,因此,各类油罐车,即使是空的,载客期间也不能装船运输。考虑到滚装客船载运的车辆油箱中的自用燃油属于易燃液体,以及货物中夹带危险品的可能性,因此,客船船员也应熟悉 IMDG 规则的内容,尤其是相关的应急处置措施。对此,在制定应急计划程序的时候,应充分考虑 IMDG 第三册中船舶载运危险货物应急反应措施(EmS 指南)、危险货物事故医疗急救指南(MFAG)、报告程序等。

(五)货物积载与系固安全操作规则(CSS 规则)

为确保货物和船舶的安全运输,IMO 于 1991 年 11 月 6 日通过《货物积载与系固安全操作规则》(CSS 规则),并经 1994 年、2002 年和 2010 年修订,已列入 SOLAS 公约,作为对其适用范围内船舶的强制性要求。IMO 制定 CSS 规则的目的是:提请船舶所有人和经营人要确保船舶适合其预定的用途;提出船舶应配备合适货物系固设备的建议;提供货物堆装和系固的一般建议以降低船舶和人员的风险;对在堆装和系固上存在困难和具有潜在危险的典型货物给出具体建议;提出了在恶劣海况下可采取的行动以及货物移动可采取的补救行动的建议。

CSS 规则适用于装载除散装固体、散装液体货和木材甲板货以外的货物,特别是实践已证明在堆装和系固上会造成困难的货物的国际航行船舶。滚装客船因装载车辆单元，更需严格遵守 CSS 规则。CSS 规则包括七章和十四个附则，具体内容在本书第九章中另有详细描述。

根据 CSS 规则，滚装客船应按主管机关认可的货物系固手册进行装载、积载，并应在离开泊位之前按货物系固手册完成所有这些货物、货物单元和货物运输单元的系固。

二、与客船安全相关的国内法规

我国关于客船和滚装客船的法规要求，在履行国际公约和规则的基础上，也结合了国内客运市场的实际情况。

(一)《国内水路运输管理条例》和《国内水路运输管理规定》

《国内水路运输管理条例》由中华人民共和国国务院发布，其目的是规范国内水路运输经营行为，维护国内水路运输市场秩序，保障国内水路运输安全，促进国内水路运输业健康发展。对于客船运，提出了许多具体的要求，如：

(1)水路运输经营者应当按照船舶核定载客定额或者载重量载运旅客、货物，不得超载或者使用货船载运旅客；

(2)水路运输经营者应当依照法律、行政法规和中华人民共和国国务院交通运输主管部门关于水路旅客、货物运输的规定、质量标准以及合同的约定，为旅客、货主提供安全、便捷、优质的服务，保证旅客、货物的运输安全；

(3)水路旅客运输业务经营者应当为其客运船舶投保承运人责任保险或者取得相应的财务担保。

《国内水路运输管理规定》则是中华人民共和国交通运输部为贯彻实施《国内水路运输管理条例》而制定的详细工作要求。《国内水路运输管理规定》明确提出旅客运输包括普通客船运输、客货船运输和滚装客船运输，具体列明国内从事旅客运输的资质条件等相关要求。

(二)《中华人民共和国船舶安全营运和防止污染管理规则》(NSM 规则)

对于从事国内运输的客船，中华人民共和国交通运输部借鉴 ISM 规则，发布了《中华人民共和国船舶安全营运和防止污染管理规则》，其框架、内容和要求与 ISM 规则类似。NSM 规则也采用分批生效的方式，具体如表 4-2-1 所示。

表 4-2-1　NSM 规则分批生效时间表

生效批次	适用对象	生效时间
第一批	①载客定额 50 人及以上跨省航行的滚装客船、旅游船、高速客船；②150 总吨及以上的气体运输船和散装化学品船	2003 年 1 月 1 日
第二批	①载客定额 50 人及以上所有跨省航行的客船；②500 总吨及以上的油船	2004 年 7 月 1 日
第三批	500 总吨及以上沿海跨省航行的散货船和其他货船	2007 年 7 月 1 日

(续表)

生效批次	适用对象	生效时间
第四批	①沿海载客定额 50 人以下跨省航行的客船(客渡船除外)及沿海省内航行的客船(客渡船除外); ②沿海 150 总吨以下的气体运输船和散装化学品船; ③沿海 500 总吨及以上在港内作业的油船及沿海 500 总吨以下的油船; ④沿海 500 总吨及以上在省内航行的散货船和其他货船; ⑤内河 3 000 总吨及以上的散货船和其他货船	2021 年 1 月 1 日

综合 ISM 规则和 NSM 规则的要求,海洋客船均已纳入安全管理规则的控制范围,需要运行相应的安全管理体系。

(三)《水路旅客运输实名制管理规定》

《水路旅客运输实名制管理规定》是在部分水域已开展的水路旅客运输实名售票、实名查验管理实践的基础上,为配合实施《中华人民共和国反恐怖主义法》而制定的。实名制管理包括船票实名售票和实名查验。对于客船而言,应在船舶开航后及时分类统计船载旅客(含持免费实名制船票的人员)数量,并与港口经营人交换相关信息。

(四)《海上滚装船舶安全监督管理规定》

《海上滚装船舶安全监督管理规定》主要针对海上滚装船舶的安全监督管理而制定,既有对船舶检验、经营人和管理人等方面的要求,也有对船舶实际操作方面的要求。

1. 对船舶操作层面的要求

滚装船舶开航前,应当按照滚装船舶首部、尾部及舷侧水密门安全操作程序和有关要求,对乘客、货物、车辆情况及滚装船舶的安全设备、水密门等情况进行全面检查,并如实记录。中国籍滚装船舶按照前款规定完成检查并确认符合有关安全要求的,由船长签署船舶开航前安全自查清单。

滚装船舶在航行中应当加强巡检。发现安全隐患,应当及时采取有效措施予以消除;不能及时消除的,应当向滚装船舶经营人、管理人报告。必要时,还应当向海事管理机构报告。

滚装船舶在航行中遭遇恶劣天气和海况时,应当谨慎操纵和作业,加强巡查,加固货物、车辆,防止货物、车辆位移或者碰撞,并及时向滚装船舶经营人、管理人报告。必要时,还应当向海事管理机构报告。

滚装船舶应当对装车处所、装货处所进行有效通风,并根据相关技术规范确定闭式滚装处所和特种处所每小时换气次数。

装车处所应当使用明显标志标明车辆装载位置,并合理积载,保持装载平衡。滚装客船应当在明显位置标明乘客定额和客舱处所。严禁滚装客船超出核定乘客定额出售客票。禁止在滚装船舶的船员起居处所、装车处所、安全通道及其他非客舱处所载运乘客。

滚装客船开航后,应当立即向司机、乘客说明安全须知所处位置和应急通道及有关应急措施。

滚装船舶载运危险货物或者装载危险货物的车辆,还应当遵守《中华人民共和国船舶载运危险货物安全监督管理规定》。

2. 对滚装船舶船员的要求

滚装船舶的船员,应当熟悉所在船舶的下列内容:安全管理体系或者安全管理制度,职责范围内安全操作程序,应急反应程序和应急措施。

(五)海船船员适任考试和发证规则及其实施办法

规则要求,在客船或滚装客船上任职的船长和高级船员除持有相应的有效客船船员特殊培训合格证外,适任证书上还需要取消相应的不适用于客船或滚装客船的限制;在客船或滚装客船上任职的普通船员以及在其他特殊类型船舶上任职的所有船员,其适任证书不载明相应的特殊类型船舶适用限制,但应持有相应有效的特殊培训合格证。

规则要求,持有不适用于客船或滚装客船适任证书的船长和高级船员,申请取消客船或滚装客船适任限制,应根据规则规定在客船或滚装客船上完成相应的见习;在滚装客船上完成见习的可以同时申请取消客船适任限制。

在两港间航程 50 n mile 及以上客船或滚装客船上任职的船长还应具有航海技术或船舶驾驶专业专科及以上学历,但已具有高级船长职称的除外。

(六)海船船员培训合格证书签发管理办法

STCW 公约规定,客船属于"特定类型"船舶,因此《海船船员培训合格证书签发管理办法》将客船船员培训归类为特殊培训。

1. 客船船员特殊培训的分类

该办法明确将客船船员特殊培训合格证按照培训内容和适用对象进行分类,具体如表 4-2-2 所示。

表 4-2-2　客船船员特殊培训合格证的分类

培训合格证书项目	代码	最长有效期
客船船员特殊培训合格证 I	T061	5 年
客船船员特殊培训合格证 II	T062	5 年
客船船员特殊培训合格证 III	T063	5 年

其中,在客船应变部署表中指定的其他在船舶紧急情况下对乘客负有安全责任的船员,应持有 T062 证书;在滚装客船应变部署表中指定的其他直接负责货物装卸和系固、关闭船体开口及在滚装处所负责乘客上下船的船员,应持有 T063 证书。详细要求可参阅本书附件 2。同时,该办法明确要求参加 T063 培训前,应当完成 T061 或 T062 培训。

2. 客船船员特殊培训合格证的再有效

办理 T061、T062 再有效者,应当在证书有效期截止日期前 5 年内具有不少于 24 个月的客船(滚装客船)上任职的海上服务资历和合格的任职表现,或完成规定的知识更新并通过考核。

办理 T063 再有效者,应当在证书有效期截止日期前 5 年内具有不少于 24 个月的滚装客船上任职的海上服务资历和合格的任职表现,或完成规定的知识更新并通过考核。

实际上,关于客船的国际公约和国内法规还有很多,国际公约方面,如《1974 年海上旅客及其行李运输雅典公约》《1973 年特种业务客船舱室要求议定书》等;国内法规方面,如《船舶与海上设施法定检验规则》《船舶最低安全配员规则》《海船船员值班规则》等。因篇幅有限,不做赘述。另外,还需注意的一点是,无论是国际公约,还是国内法规,一定要查阅最新版本。

第三节
客船应急计划和应变部署表

船舶在海上航行,可能遇到的紧急情况有很多种,船员和工作人员需了解各种紧急情况下的应急计划,熟练掌握应急行动,提升应急水平。

一、船舶紧急情况的分类

按照 IMO A.852(20)决议《船上紧急情况应急计划整体系统构成指南》,船上紧急情况大致分为 4 类 23 种,具体如表 4-3-1 所示。

表 4-3-1　船上紧急情况的种类

类别	火灾海损类	机损和污染类	货物损害类	人身安全类
紧急情况	碰撞 搁浅/触礁 火灾/爆炸 船体破损/进水 严重横倾 恶劣天气损害 弃船	主机失灵 舵机失灵 供电故障 机舱事故 船舶溢油 污染物的意外排放	货物移位 海难自救抛货 危险货物事故	严重伤病 进入封闭处所 人员落水 海盗/暴力行为 搜寻/救助 战区遇险 直升机操作

二、应急计划与应变部署表

船舶为各种紧急情况而预先制订的行动方案称为应急计划(或程序),一般将同时包含弃船和消防的应急计划称为应变部署表。

(一)制订船舶应急计划时应当考虑的内容

(1)船上的职责分工;

(2)为重新控制局势所采取的行动;

(3)船上使用的通信方法;

(4)向第三方请求援助的程序;

(5)通知公司向有关当局报告的程序;

(6)保持船岸间的通信畅通;

(7)处理与媒体或其他外部单位关系的程序。

(二)应急计划与应变部署表的主要内容

1.应变部署表的基本内容

应变部署表应详细说明通用紧急报警信号和公共广播系统,以及该警报发出时船员和乘客应采取的行动,还应写明弃船命令将如何发出。具体如本书第三章第一节所述。

其他应急计划,将应变部署表的基本内容进行适当的修改,即可作为相应的内容框架。

编制客船应急计划和应变部署表时,应具有寻找并救出困在客舱内乘客的适当的程序。

2. 船员的任务

应变部署表应写明分派给不同船员的任务,包括:

(1)船上水密门、防火门、阀、泄水孔、舷窗、天窗、装货舷门和其他类似开口的关闭;

(2)救生艇筏和其他救生设备的属具配备;

(3)救生艇筏的准备工作和降落;

(4)其他救生设备的一般准备工作;

(5)集合乘客;

(6)通信设备的使用;

(7)指派处理火灾的消防队的人员;

(8)关于使用灭火设备及装置的专门任务。

客船应变部署表,还应指明在紧急情况下指定给船员的与旅客有关的各项任务,包括:

(1)向旅客告警;

(2)查看旅客是否适当地穿好衣服以及是否正确地穿好救生衣;

(3)召集旅客于各集合地点;

(4)维持通道及梯道上的秩序,并大体上控制旅客移动的总方向;

(5)保证把毛毯送到救生艇筏上。

其他情况的应急计划中的任务和程序,可根据本船的具体情况而定。

3. 其他内容

应变部署表应规定指定的驾驶员负责维护保养救生和消防设备,使其处于完好状态,并立即可用。

应变部署表还应规定关键人员失去能力后的替代人员,要考虑到不同的紧急情况可能要求采取不同的行动。

(三)应急计划和应变部署表的编制与公布

SOLAS 公约规定,客船用的船舶应变部署表的格式应经主管机关认可。应变部署表由大副具体负责。三副根据大副的部署意图,于开航前编制应变部署表,经大副审核、船长批准签署后公布实施。其副本张贴在驾驶台、机舱、餐厅、主要通道等处。如遇船员变动或情况改变,应及时修订应变部署表或制订新表。

船舶其他应急计划由公司根据情况安排编制。其中,"船上油污应急计划"(Shipboard Oil Pollution Emergency Plan, SOPEP)需经主管机关核准;属于ISM规则要求的安全管理体系(SMS)中的应急计划,需经主管机关审核。应急计划在船上的公布与存放,应遵照公约、船旗国规定及公司要求中的最高标准执行。

(四)客船船长决策支持系统

SOLAS 公约要求,所有客船应在驾驶台设有一个处理紧急情况的客船船长决策支持系统(Decision support system for master),该支持系统应至少由1个或几个印制的应急计划构成。所有可预计的紧急状况均应在应急计划中标明,包括但不限于下列各类主要的

紧急情况:

    (1)火灾;

    (2)船舶破损;

    (3)污染;

    (4)威胁到船舶安全及乘客和船员保安的非法行为;

    (5)人员事故;

    (6)与货物相关的事故;

    (7)对其他船舶的应急援助。

应急计划中所建立的应急程序,应向船长提供用以处理各种组合紧急状况的决策支持方案。应急计划应有统一的格式并易于使用,如适用,为客船航行稳性而计算的实际装载工况还应用于破损控制应急。

除印制的应急计划外,主管机关也可接受在驾驶台使用以计算机为基础的决策支持系统,该系统能提供应急计划中包括的所有信息、程序、检查清单等,能针对可预计的紧急情况提出拟采取的建议措施的清单。

三、应急培训与演习

为确保船上所有人员了解并能在紧急情况下实施应急计划及程序,船上应按照要求进行应急培训与演习,确保船员能够熟悉应急职责、熟练使用应急设备,并按照正确的程序采取应急行动。

(一)应急培训

船员上船后,应尽快在不迟于 2 个星期内,对其进行有关使用包括救生艇筏属具在内的船上救生设备和灭火设备的培训。但是,如果船员是定期安排轮派上船的,则这种培训应在船员第一次上船后的 2 个星期内进行。

船上应急培训应讲授船舶灭火设备和救生设备的用法以及海上救生的课程,授课间隔期与演习间隔期相同。每次授课可以包括船舶救生设备和灭火设备的各个不同部分,但在任何 2 个月的授课期内应包括该船的全部救生和灭火设备。每位船员均应听课,课程应包括但不必局限于:

    (1)船舶气胀式救生筏的操作与使用;

    (2)低温保护问题,体温过低的急救护理和其他合适的急救程序;

    (3)在恶劣气候和恶劣海况中使用船舶救生设备所必需的专门课程;

    (4)灭火设备的操作与使用;

    (5)围蔽处所的相关风险和安全进入围蔽处所的程序。

对于装有吊架降落式救生筏的客船,应按不超过 4 个月的间隔期举行此项设备用法的培训。可行时,培训应包括一个救生筏的充气与下降,该救生筏是培训专用救生筏,而不是船舶救生设备的组成部分,并应明显地标出专用救生筏标志。

(二)训练手册

每一个船员餐厅和娱乐室,或每一个船员舱室内均应配备 1 本符合 SOLAS 公约要求的训练手册(Training manual)。训练手册以船上的工作语言撰写,内容包括船上所配备的救生设备和最佳救生方法、灭火设备和灭火行动的须知和资料,应用易懂的措辞写成,如有可能,应配以图解说明。

目前,中国籍船舶上配备的 SOLAS 训练手册一般为海事主管机关编制的通用手册。然而,船舶配备的救生设备型式与 SOLAS 训练手册所描述的设备型式往往不尽相同。因此,三副必须按照本船实际配备的设备,认真核对 SOLAS 训练手册的相应内容,如不相符,应在训练手册上删除或修改。

(三)应急演习

1. 熟悉安全装置与集合演习

每位被指派为具有应急职责的船员,应在开航前熟悉这些职责。

对预定旅客在船时间超过 24 h 的船舶,应在开航前或开航后立即实施集合旅客演习,并向旅客介绍救生衣的使用方法以及在紧急情况下应采取的行动。集合演习应要求所有旅客参加,目前一些豪华邮轮在演习中使用刷卡器对每位参加演习的旅客进行登记,以确保所有旅客参加演习,这种做法很值得借鉴。

每当有新的旅客上船时,即应在船舶开航前或开航后向旅客做一次旅客安全简要介绍,介绍应包括 SOLAS 公约所要求的应变须知,并应以旅客易懂的一种或几种语言进行宣讲;宣讲应使用船上的公共广播系统或其他等效方式,至少应使航行中尚未听到的旅客易于听到。介绍可包含在集合旅客演习中。此外,可使用资料卡、标贴或船上图像显示屏播放的视频节目等作为简要介绍的补充,但其不可替代宣讲。旅客安全宣讲与视频补充如图 4-3-1 所示。

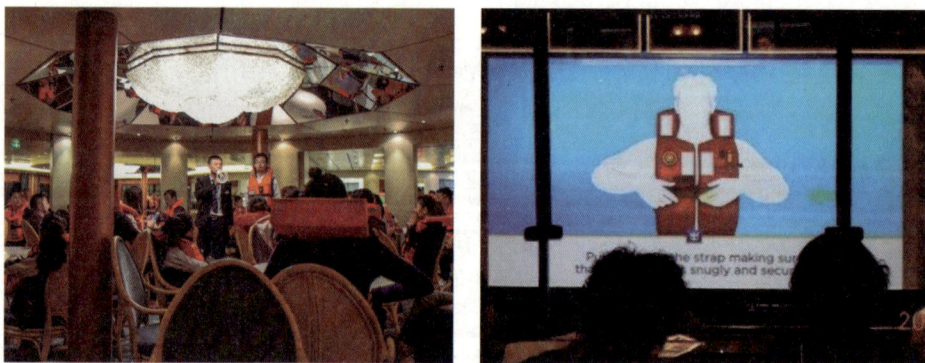

图 4-3-1 旅客安全宣讲与视频补充

2. 弃船演习和消防演习

客船每周应举行一次弃船演习和消防演习,全体船员不必都参与每次演习,但每位船员均必须每月参加一次弃船和消防演习,应竭力鼓励旅客参与这些演习。

如有 25% 以上的船员未参加船上上个月的弃船和消防演习,应在船舶离港后 24 h 内举行该两项演习。当船舶在经过重大改装后首次投入营运时,或有新船员时,应在开航前举行这些演习。主管机关对无法这样做的各类船舶,可以接受至少是等效的其他安排。

3. 其他演习

具有围蔽处所进入或救助职责的船员,应参加船上每 2 个月举行一次的围蔽处所进入和救助演习。

堵漏(抗沉)演习每 3 个月举行一次。

油污应急反应演习应定期进行,也可以与船上其他演习合并进行。

船舶保安演习应至少每 3 个月举行一次,此外,如一次有 25% 的船员变更而且这些人员在最近的 3 个月内未参加该船的演习,则必须在发生变更的一个星期内进行这些演习。

四、船员应急行动要求

通过船上培训和演习等方式,船员应明确应急计划和应变部署的要求,熟练掌握各种紧急情况下的行动要求。

1. 确认警报

船员一听到紧急警报,首先应立即判断清楚是何种紧急情况,较好的做法是一边迅速穿衣服、打开房门,一边沉着冷静地听完两组警报,做出正确的判断。切忌盲目行动。

2. 迅速行动

当确认警报性质后,应立即确认自己的任务,携带规定的应急器材赶往集合地点。听到警报信号后,船员必须在 2 min 内到达指定的集合地点。

3. 保护旅客和下属船员的安全

海上对象的应急优先权依次为人命(旅客—船员)—船舶—海洋环境。任何应急情况下,船员都应优先确保旅客和下属船员的安全。应变部署表上指定紧急情况下照顾和保护旅客的船员,应按照分工进行旅客管理。

4. 服从指挥,保持镇静

应急情况复杂多变,需要船长、现场指挥和各队负责人在应急计划的基础上,根据事态的发展灵活指挥。服从指挥,才能使全船的应急行动有条不紊地进行。另外,在任何紧急情况下,保持沉着镇静是取得成功的必要条件,恐慌只会使事态恶化。因此,每位船员都应保持镇定,按要求进行拥挤人群的管理,切忌向旅客流露出恐慌情绪。

5. 遵循应急计划和应变部署表,采取正确的应急行动

应急计划和应变部署表是应急的行动规范,在应急时,应始终以此为基础。在应急的初始阶段,应严格遵循应急程序,而后由指挥人员根据事态发展做适当调整。对应急过程中出现的异常情况,应及时向指挥人员报告,以便及时进行评估和调整部署。

五、船舶限制损害和救助本船的行动

船舶发生火灾、爆炸、碰撞、搁浅等海难后,为最大限度地减少损失,遇险船应不失时机地采取限制损害和救船的行动。

(一)船舶自救的基本原则

1. 依据事故类型采取相应的自救措施

对于碰撞、触礁等海事导致船体破损而进水,甚至有沉船危险时,首先应将主要精力放在堵漏和排水上,以保证船舶有足够的浮性、稳性及抗沉性。如进水速度较快,难以控制时,既应考虑选定适当处所实施抢滩,也应注意避免出现二次海事。

对于火灾或爆炸等海事,则应按照应变部署表,迅速组织船员自救灭火,并结合具体险情尽快驶离会危及临近船舶和设施的区域。

2. 应以旅客安全为自救的重点

对于客船而言,旅客的安全永远是自救工作关注的重点。客船应急决策时,应明确任何险情都可能导致旅客的惊慌与混乱,应重点加强旅客安全管理,指定船员负责保护和照顾旅客,避免旅客盲目行动。

发生火灾时,船员应引导旅客撤离现场,并迅速灭火;弃船时,应遵循先旅客,后船员,最后船长的撤离顺序。

3. 船舶自救组织要有的放矢

船舶自救应以迅速、准确地调查船舶受损情况为基础,情况不清而盲目地实施自救,可能会导致损失的扩大与险情的增加。

4. 抓住时机,按应急部署施救

在迅速、准确调查的基础上,船舶自救是否能够有效地实施,往往取决于能否抓住有利时机。特别是在风狂浪高及夜间等不利情况下,更是如此。为了能够抓住时机,有些与脱险密切相关的必要准备工作,应与调查研究受损情况的工作同步进行。

船舶自力救助的实施组织,应按应急计划和应变部署表进行,这是做好该项工作的保证,但不妨碍根据船舶实际受损情况临时做些局部的人员调整。

(二)船舶自救行动

船舶发生海事,应尽最大努力采取自救行动,以确保船舶、人员的安全,这是每位船员应尽的责任与义务。在尚未危及人员生命安全的情况下,船员必须采取一切有效行动以保全船舶。当确认一切努力业已无法避免船舶的沉没或灭失时,船长应果断决定,采取一切措施直至弃船求生,保证旅客和船员的安全。

通常,船舶自救行动包括下述范围和内容:

(1)碰撞后应采取的行动;

(2)渗漏的临时堵漏;

(3)紧急情况下旅客和船员的安全措施及救护措施;

(4)火灾与爆炸后的损害控制及人员救护;

(5)搁浅后应采取的措施,抢滩时的注意事项;

(6)不论发生任何海事,应想方设法保护螺旋桨和舵等设备,尽力保护船舶动力机械设备正常运转;

(7)制作、装配和使用应急舵;

(8)救助落水人员等。

(三)争取救援

船舶遇险时,船长若对本船自救保全的可能性持怀疑态度,则应在尽一切可能采取自救保全措施的同时,争取其他船舶的救援。通常可以采取的行动包括以下几个方面:

(1)使用船舶通信设备发送遇险求援信息;

(2)择机发送火箭降落伞信号等视觉求救信号,直到确认已经引起临近航空器或船舶的注意为止;

(3)当遇险船获悉有众多他船前来救助本船时,应及时选定救援船舶并通知这些船舶,也应立即明确谢绝无须来救助的船舶。

第五章
应急资源的优化利用

適用范围：T062。

　　应急资源在船舶应急管理工作中具有举足轻重的作用。客船根据 SOLAS 公约和相关法规，在消防、救生、防污染等方面配置了应急设施、设备，船员则成为使用这些设施设备的最基本的人力资源。船长和各级指挥人员能够充分地调动并优化利用应急资源，各级船员能够熟练地运用各种设备器材，才能实现有效的船舶危机管理。

第一节
船舶应急资源概述

　　船员，尤其是各级指挥人员，应熟知船舶应急资源及其局限性，并运用专业知识加以合理地优化利用。

一、船舶应急资源的范围和局限性

　　应急资源(Emergency resource)是指应急管理体系为有效开展应急活动，保障体系正常运行所需要的人力、物资、资金、设施、信息和技术等各类资源的总和。应急资源既是应急管理的对象，也是应急管理有效开展的基础，它为整个应急体系正常运转提供动力源；既包括防灾、应对、恢复等环节所需要的各种物质资源(设施、设备和器材等)，也包括与灾害防救相关的技术和人才资源。

本书中的船舶应急资源,主要指为确保船舶应急计划和应变部署有效实施的人力和物质资源,也适当考虑了其他应急资源。

1. 船舶应急人力资源

船舶应急人力资源主要是指船员,这是船舶应急资源中最为重要的资源,训练有素的船员才能实现对其他应急资源的优化使用。船舶主要领导人员,承担着统筹指挥人力资源,做出科学决策的任务,因此是实现资源优化使用的关键。紧急情况下,船舶领导指挥应变部署的素质和能力、船员的正确反应与操作,往往是船舶进行自救,实现转危为安的决定性因素。

另外,船舶应急人力资源的主要作用,还体现在船员在事故出现的预兆阶段和初级阶段能及时采取正确、果断的措施,从而将危险消灭在萌芽阶段,排除险情,避免更大灾难的发生。

但是,人力资源的局限性也不容忽视,客船的管理和指挥人员需要充分注意,如:

(1)随着公约的完善和技术的进步,船舶应急设备的种类和数量增加,但是要求使用这些设备的人员数量并未增加,甚至因配员等原因而减少。

(2)客船应急时,与需要照顾和保护的旅客人数相比,船员人数有限。

(3)船员自身的素质参差不齐,技能水平也有高低之分,面对紧急情况时,可能难以胜任。

(4)船员的年龄、健康情况、疲劳与否等因素可能会影响某些船员的应急反应能力和水平。

2. 船舶应急物质资源

船舶应急物质资源主要是指船舶的各种应急设施、设备和器材,如救生、消防、堵漏、防污染、保安等设施设备和器材。目前,我国船舶在应急设施、设备和器材的配备和维护保养方面,都能严格遵守 SOLAS 公约和各种规范的要求,从理论上可以确保应急所需。但是,也应考虑一些可能的客观局限性,如:

(1)应急设备和器材可能处于事故危险区域,无法立即取用。

(2)应急设备和器材自身可能存在缺陷。

(3)应急设备和器材可能无法满足船舶可能出现的特殊紧急情况的需要。

二、充分使用船舶应急资源

1. 应急人力资源的充分使用

编制应急计划和应变部署表时,应综合考虑船舶实有的船员数量、技术特长、担任职务、实际能力甚至年龄等方面并做出最合理的安排,以便能准确、迅速地进行各应变任务项目;并且应通过船上的应急培训、演练等方式,提高船员的应急能力、操作技能和心理素质等。在充分认识和理解应急人力资源局限性的基础上,紧急情况下,应从以下几个方面充分发挥船员的作用:

(1)各级指挥人员和应急小组负责人各司其职,按照应急计划和应变部署表科学决策、灵活指挥。

(2)确保所安排的人员具备胜任其应急职务的能力,如训练有素、经验丰富、体力和心理素质较好等。

（3）应理解应变部署表中人员的职务通常决定其职责，但并不表明其能力，因此应急过程中应注意各种信息的反馈，必要时指派其他适任人员到相应的位置。

2. 应急物质资源的充分使用

船舶应急物质资源各有专门用途，所以必须充分了解并掌握其性能特点、用途，及时、正确地操作和使用，并不断加强对它们的管理和维修保养，使之处于立即可用的状态，这样才能实现资源的优化使用。本章后面几节重点介绍各种应急设备的上述相关情况。

此外，为实现紧急情况下应急物质资源的充分使用，还应注意：

（1）使应急设备得到很好的隔离，如远离火场等，并且可以使船员安全获得。

（2）如有可能，立即将所有的应急设备，如医疗设备、备用的呼吸器和钢瓶等，从危险的地方转移至安全区域。

三、其他应急资源的使用

1. 外部应急资源的使用

船舶在编制应急计划和进行应急处置时，应同时考虑从岸上或他船获得援助和其他后备资源，主要包括以下几个方面：

（1）明确应急求援的通信方式，在船舶发生紧急情况时，能迅速与外界联系，获取援助。

（2）在具体求援时，应指定具体的联系人员，并及时报告本船的稳性、结构、强度等更多的细节，以便获得更加精准的援助。

（3）获悉有众多他船前来救助本船时，应根据本船情况和外部力量的情况，及时选定救援船舶并通知这些船舶，也应立即明确谢绝无须来救助的船舶。

2. 旅客资源的使用

如前文所述，紧急情况下，相比于旅客的人数，船员的人数是有限的，因此，在应急过程中，可以适当地考虑并使用旅客资源。旅客上船后，客舱服务人员应尽量多地去了解旅客的个人情况，包括旅客的职业等，紧急情况下可以发动旅客帮忙。如警察、军人等，可以协助维持旅客秩序；医生等可以协助处理旅客的伤病；精通外语的旅客可以协助提供翻译；等等。

总之，只有掌握"人尽其才，物尽其用，扬长避短，各尽其能"的原则，才能达到船舶应急资源的优化使用，获取最佳效果。

第二节
客船消防及其应急资源的优化使用

客船由于运载旅客和货物的需要，上层建筑高大，并且分隔了数量众多的舱室，结构十分复杂。同时，考虑到舒适性和便利性，其装修材料、家具的种类和数量也远多于其他类型的船舶。这些装修材料和家具，很多采用了木材、化纤等可燃或易燃材料制造，潜在的火灾危险性很大，并且失火后易产生烟气，甚至是有毒性的烟。如1990年发生的丹麦

"斯堪的纳维亚之星"(*Scandinavian Star*)号火灾事故,调查发现 158 名遇难者中,有 148 名死于毒烟。一方面,滚装客船因车货及船舶特殊的构造等,容易发生火灾,且火势容易蔓延、难以控制。另一方面,大量的旅客在船期间,通常处于游动状态,其行为难以控制。综上,客船火灾具有易发生、难扑救、危险大、损失大、影响大等特点。因此客船在日常营运过程中,应坚持贯彻"预防为主,防消结合"的方针,合理使用船舶消防资源,有的放矢地做好船舶防火和灭火工作。

一、客船的防火

(一)客船的结构性防火

船舶结构性防火是指船体结构使用钢制或等效材料建造,使用不燃材料把船体分隔成各个独立的空间,在一定时间内阻止烟、火和热量的传播。在船舶结构上设置一些耐火分隔,能有效地防止船舶火灾的发生,并能在一定时间内遏制火灾的蔓延,以便控制和扑灭火灾。

客船结构的特点是由多个主竖区(Main vertical zone)分隔。SOLAS 公约规定,载客超过 36 人的客船,一般其船体、上层建筑和甲板室应以"A60"级分隔为若干主竖区。载客不超过 36 人的客船,在起居场所和服务处所的船体、上层建筑和甲板室应以"A"级分隔为若干主竖区;如果某一主竖区以水平"A"级分隔再分为若干水平区,用以在船上设有喷水器系统区域与未设有喷水器系统区域之间提供适当的屏障,此项水平分隔应在相邻两个主竖区舱壁之间延伸且延伸至船舶的壳板或外部限界面,并应按公约要求的耐火隔热性和完整性的等级予以隔热。"A"级分隔上的开口应安装耐火性能与其相等的防火门,防火门必须是自闭式的,并能够从集中控制站对其进行操作,在集中控制站应设有显示板,显示所有这些防火门的开关状态。

对于滚装客船的车辆舱,设置主竖区舱壁将影响船舶预期的用途,应以能控制和限制火灾的等效装置来代替,并应经主管机关专门认可。并且除非根据适用的规则予以保护,否则服务处所和船舶储物舱不得位于滚装甲板。

(二)客船的防火措施

船舶火灾的预防,最为重要的是要管理和控制好起火源,并采取针对性的预防措施。船员应在了解防火相关知识的基础上,结合客船工作实际,采取相应的防火措施。

1. 遵守防火有关的安全制度

客船船员应遵守公司和船上制定的与防火有关的安全制度,这是客船防火的必备条件之一,也是船员的重要职责之一。因此,全体船员应各尽职责,共同担负起船舶防火的任务,落实各项防火措施,消除安全隐患。船舶应坚持定期进行防火安全检查,根据本船情况制定检查表,以确保检查无遗漏,对检查出的问题应及时整改。

2. 控制船员的不安全行为

船舶领导和各级负责人员,应关注船员的心理和行为规律,针对船员可能或已经出现的不安全行为,采取措施进行控制。如从船员实际状况出发,结合船员本身特点予以关注;监督船员严格执行船舶安全操作规程,严禁违章作业;加强培训,增强船员的防火防爆意识,消除侥幸心理;善于发现船员的不安全行为并予以及时制止。

3. 管理登船的旅客和货物

船员应配合码头工作人员,加强对登船旅客的检查和管理,严禁旅客携带或在行李里夹带危险物品;并应坚持消防巡逻,及时发现并制止旅客的不安全行为,如躺在床上抽烟、乱扔烟头等。滚装客船应加强对车辆舱的消防管理,车辆装船时,要求司乘人员停放好车辆后,立即离开车辆舱;航行中通往车辆舱的所有通道必须关闭,应急通道应有专人管理,防止无关人员进入车辆舱;对主要通道、车辆舱的门及应急通道等实施监控;坚持巡舱检查;等等。

二、客船的消防设备

(一)火灾探测及报警系统

安装火灾探测及报警系统的目的是尽早探测到起火源处初起的火灾,并发出警报,以便人员撤离和采取灭火行动。客船的消防设备主要包括自动探火及报警装置、手动失火报警器、固定式探火和失火报警系统等。

1. 自动探火及报警装置

自动探火及报警装置主要包括两大部分,即火灾探测器(Fire detector)和报警器(Fire alarm)。其中,船用火灾探测器一般可分为感温、感烟、感光等几类。感温探测器一般用于车床间、锅炉间、焚烧炉间、集控室等相对封闭的高温处所;感光探测器用于机舱主机缸头上方,用于主机明火的探测;就客船而言,使用更多的是感烟探测器(如图 5-2-1 所示),其主要用于起居处所和服务处所及其梯道、走廊、脱险通道,以及舵机间、应急消防泵间、机舱等处。并且,规则要求,所有起居处所和服务处所的梯道、走廊、脱险通道内安装的感烟探测器,应在烟密度超过 12.5% 每米减光率之前动作,但在烟密度超过 2% 每米减光率之前不应动作;安装在其他处所的感烟探测器应在主管机关认为满意的温度极限内动作。

图 5-2-1　感烟探测器

报警器对探测器感应传输过来的火灾电信号及时做出反应,自动接通报警,以声光形式发出报警,呼唤人员,并显示火灾发生的具体部位。另外,系统操作所必需的电源和电路在断电或故障时,报警器也应发出不同于失火信号的声光故障报警。

2. 手动失火报警器

手动失火报警器应遍布起居处所、服务处所和控制站,其型式和标志如图 5-2-2 所示。每一出口都应装有手动失火报警器。在每一层甲板的走廊内,手动失火报警器的位置应便于到达,且走廊的任何部位距手动失火报警器的距离都不得超过 20 m。

图 5-2-2　手动失火报警器

3.固定式探火和失火报警系统

客船服务处所、控制站和起居处所,包括起居处所内的走廊、梯道和脱险通道,应安装和布置固定式探火和失火报警系统。固定式探火和失火报警系统由控制和指示设备组成,其功能是对受保护处所内已经动作的探测器做出反应,自动接通报警。客船上的固定式探火和失火报警系统须能远距离单独识别出每一个探测器及手动报警点。系统的控制屏应根据自动防止故障原理设计。系统应设置一个由驾驶室或消防控制站操纵的召集船员的专用报警器。该报警器可以是船上通用报警系统的一部分,但应能与乘客处所的报警分开并单独发出警报。

客船上的货物处所,如未装设固定式探火和失火报警系统,则应装设抽烟探火系统。抽烟探火系统主要包括取样风机和取样管道、烟探测器、火灾显示和警报设备。客船天井也应装设抽烟探火系统,该抽烟探火系统应由所要求的感烟探测系统启动,并能够手动控制。风机的容量应能在 10 min 或更短的时间内将该处所容纳的全部烟气排出。

4.消防巡逻

在载客超过 36 人的客船上应建立有效的巡逻制度,以便迅速探知火灾的发生。消防巡逻员应经过专业的培训,熟悉船舶的布置以及可能需要由他使用的任何设备的位置和操作方法,并配备双向便携式无线电话机。

(二)固定灭火系统

1.水灭火系统

客船上除了普通船舶的常规水灭火系统以外,所有的控制站、起居处所和服务处所,包括走廊和梯道,都装设自动喷水器(如图 5-2-3 所示)、固定式探火和失火报警系统。自动喷水器喷水时,还会发出声光警报,指示火灾及其位置。

图 5-2-3　自动喷水器

滚装客船的滚装处所需配备固定式压力水雾灭火系统（Fixed pressure water-spraying system），该水雾系统应保护该处所内的所有甲板和车辆平台的所有部位，如图5-2-4所示。

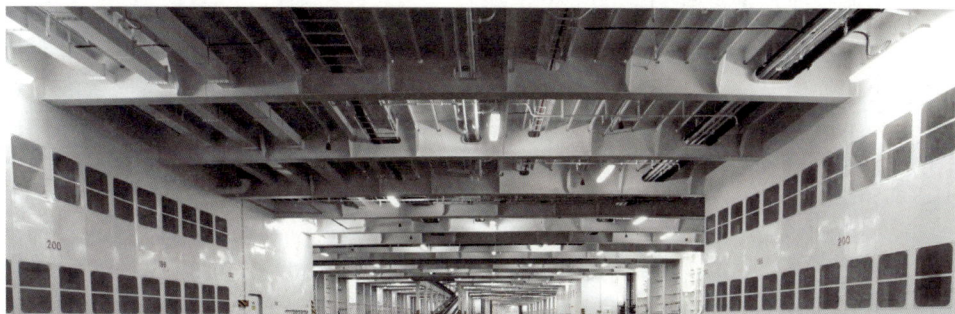

图 5-2-4　车辆舱顶部的消防管路和喷头

为防止该系统在工作时产生积水形成自由液面，公约要求客船舱壁甲板以上的处所，应设有排水孔（或称泄水孔、落水孔），以确保这些水能被迅速地排出舷外，并且对于滚装客船而言，当其在海上航行时，排水孔的阀门应保持打开状态，并应装有能从舱壁甲板以上的位置操作的可靠的关闭装置；舱壁甲板以下的处所，应设有排水系统，排水系统的尺度所达到的排量应不低于水雾系统泵和所要求数量的消防水枪的组合容量的125%，排水系统的阀门应能从所保护位置的外部靠近灭火系统控制装置处进行操作。

2. 二氧化碳灭火系统

客船的二氧化碳灭火系统通常只用于机舱、油漆间以及部分货物处所。二氧化碳灭火系统由气瓶组、启动装置和通往各舱室的分配阀和导管组成。气瓶组存放在专门的二氧化碳气瓶站内，门上应有显著的标志和限制区域标志，无关人员不得入内，如图5-2-5所示。

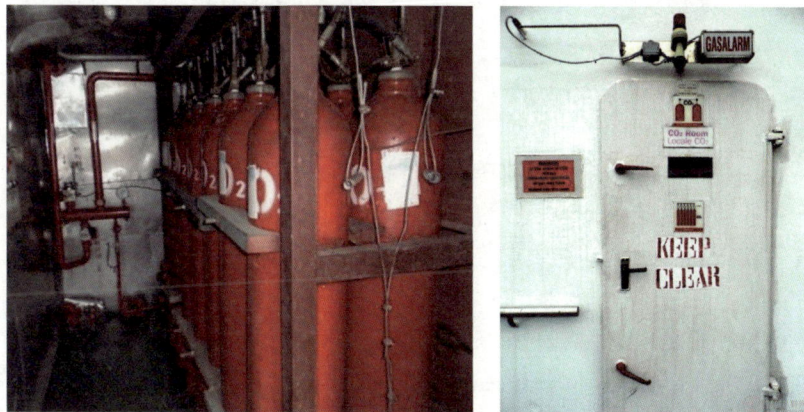

图 5-2-5　二氧化碳气瓶站

在使用二氧化碳灭火系统时，应认识到其缺点和局限性，如：

（1）窒息性强，稍有毒性，浓度为9%时，几分钟内便会使人失去知觉，在施放前应发出声光报警，并确认人员已全部撤离。

（2）施放前须关闭水密门、通风孔道，以防延误灭火时机。

（3）施放时可能产生静电，诱发火花；不能同时使用水灭火，以免降低其灭火性能。

（4）灭火后不可过早地开启火区进行检查，否则新鲜空气进入有可能导致复燃。

（5）灭火后，人员在进入现场前应进行彻底通风，以防止发生人员窒息事故。

3. 高倍数泡沫灭火系统

高倍数泡沫是一种机械空气泡沫，它将水和高倍数泡沫灭火剂通过一定的方式按设定的容积比例均匀混合，然后利用发生器鼓入大量空气发泡而成。船舶高倍数泡沫灭火系统常布置于机舱和货油舱、滚装处所或特种处所、大型客船直升机甲板等处。使用该系统时应提前发布警报，确保人员撤离后再施放。

（三）消防器材

1. 手提式灭火器

手提式灭火器适用于火灾初期，用于灭火或控制火势。每位船员都必须掌握各种手提式灭火器的结构、灭火性能、操作使用方法及日常维护保养的要求。

客船的起居处所、服务处所和控制站内及上述位置的入口处均应配备足够数量的手提式灭火器，手提式灭火器应位于易于看到、失火时能迅速和便于到达的位置并随时可用。

对于滚装客船，在装载车辆的每个货舱或舱室的每层甲板也应备有手提式灭火器，手提式灭火器应布置在处所的两侧，间距不超过 20 m，上述处所的每一出、入口处均应至少有 1 具手提式灭火器。

2. 消防员装备

SOLAS 公约要求，船舶应携带至少 2 套消防员装备（Fireman's outfit），客船上设有乘客处所和服务处所的甲板，按其乘客处所和服务处所的合计长度，或如这种甲板多于一层，按其一层甲板乘客处所和服务处所的最大长度，每 80 m（不足 80 m 以 80 m 计）应备有 2 套消防员装备以及 2 套个人装备。对载客超过 36 人的客船，每一主竖区内应增配 2 套消防员装备。对载客超过 36 人的客船，应为每副呼吸器配备 1 具水雾枪，水雾枪应临近该呼吸器存放。

消防员装备包括消防头盔、消防员隔热服（防护服）、消防胶靴、自给式呼吸器、太平斧、防爆灯和救生绳等，如图 5-2-6 所示。

消防员装备和个人配备应存放在有永久性清晰标记且易于到达的位置，以备随时取用。如所配备的消防员装备或个人配备不止 1 套，其存放位置应彼此远离。在客船上，应在任一位置可获得至少 2 套消防员装备外加 1 套个人配备。在每一主竖区内应至少存放 2 套消防员装备。

3. 紧急逃生呼吸器

紧急逃生呼吸器（Emergency Escape Breathing Device，EEBD）是自给式压缩空气装置，可供处于有毒、有害、烟雾、缺氧环境中的人员逃生使用，是在船舶发生火灾等紧急情况时帮助船员逃生的应急设备，如图 5-2-7 所示。紧急逃生呼吸器由压缩气瓶、压力表和面罩或头罩组成。紧急逃生呼吸器上应清晰地印有简要的使用说明或清晰的图示。佩戴程序应迅速且容易，以便能在极短的时间内就能安全摆脱有害气体。

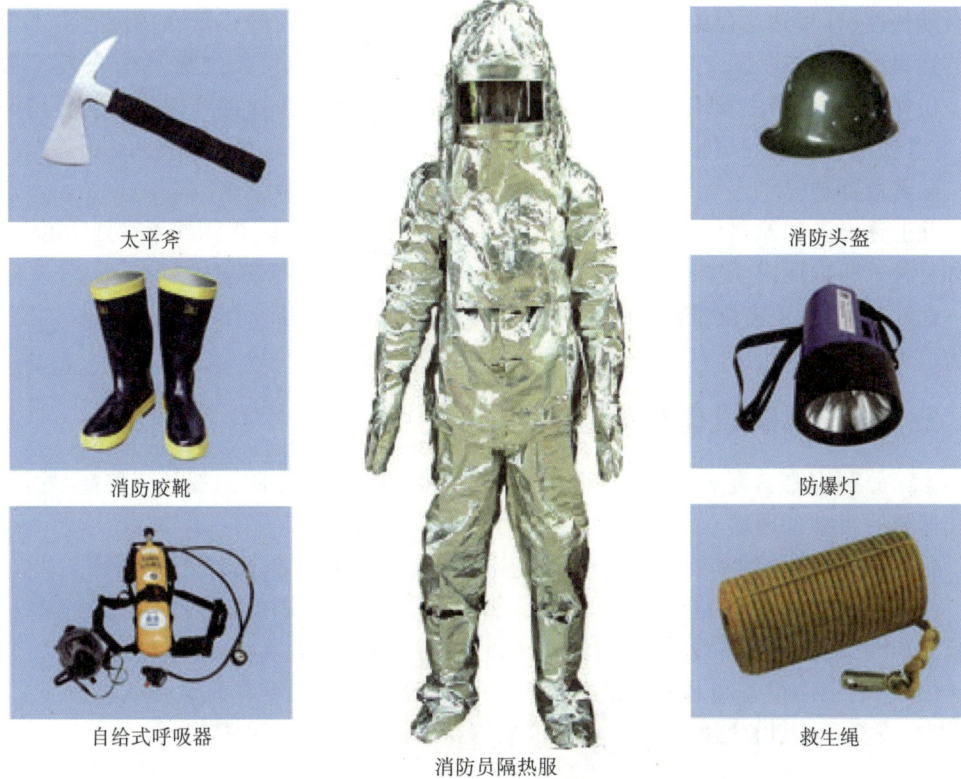

太平斧		消防头盔
消防胶靴		防爆灯
自给式呼吸器	消防员隔热服	救生绳

图 5-2-6   消防员装备

图 5-2-7   紧急逃生呼吸器

　　紧急逃生呼吸器气瓶内的气体可供人呼吸的时间应不少于 10 min。紧急逃生呼吸器仅用于火灾时的紧急逃生呼吸,不能替代消防员装备的呼吸器,也不应在进入缺氧处所、隔离空舱或舱室时使用。

　　所有船舶在起居处所内都至少有 2 套紧急逃生呼吸器。客船上,每一主竖区内至少要有 2 套紧急逃生呼吸器;36 人以上的客船,每一主竖区内应再增配 2 套紧急逃生呼吸器。所有船舶上,机舱处所内的紧急逃生呼吸装置应放在容易看见的地方,并且在发生火灾时能快速、容易到达存放位置取用。存放位置要考虑机舱内的布置和在机舱内工作人员的数目。消防控制图上要标出这些紧急逃生呼吸装置的数目和位置。另外,船上要保存一份保养计划,当主管机关要求时应能出示供检查。所有布置都要保持随时可用的状态,并且要进行适当的试验和检查。

4. 其他器材

除上述设备和器材外,用于装载油箱内备有自用燃料的机动车辆的车辆处所、滚装处所和特种处所内还应至少配备 3 具水雾枪和 1 套手提式泡沫枪装置。

此外,客船上还需配备其他常规消防器材,如国际通岸接头、消防水带、水枪、消防桶、消防毯、消防钩、沙箱等,在此不做赘述。

三、应急消防设备的管理和优化使用

为充分利用船舶有限的各种消防资源,做好船舶安全管理工作,船员应加强对消防设备和器材的日常管理。

(1)严格遵守公约和规则的配备要求,对使用过的消防器材及时更换和补充。

(2)船舶消防设备的器材由三副负责管理,各主管人员按相关规定进行维护保养、定期检查和测试,保持消防设备和器材处于随时可用状态。

(3)所有消防设备和器材的存放地点应有明显标记,周围不得堆放杂物。

(4)安全通道、应急通道、逃生孔等必须保持畅通,应急照明保持良好。

四、客船灭火行动

(一)发现火灾后的行动

1. 火灾探测与警报的发出

发出警报可能有两种情况:由发现者发出或由失火自动探测系统发出。客船,尤其是滚装客船,应坚持消防巡逻,巡逻人员发现火灾立即用双向无线电话或其他报警设施报告驾驶台。

发现火灾时,不论火势多么小,除非确有把握可以使用单个灭火器将火迅速扑灭,否则在发出警报之前,船员不应试图先去灭火。否则不但火灾没有被扑灭,还会由于耽误了报警时机,导致火灾范围扩大。报警后,若火势较大,应尽可能坚守现场,监视火情发展,采取一切必要措施对火灾进行控制,如关闭水密门、防火门、通风系统等。

2. 驾驶台的行动

驾驶台接到火灾报警后,驾驶员应使用汽笛或警铃发布全船火警信号。

3. 全体船员的行动

听到警报后,船长应立即上驾驶台,指挥全船的灭火行动。船员应按应变部署表指派的任务,携带灭火器材,在 2 min 之内到达指定的集合地点。客运人员按照分工负责旅客的转移与管理。

(二)控制火势,防护周围

1.控制火势

在火灾发现初期控制和封堵火势非常重要,可阻止火势扩散和蔓延。具体做法通常是,迅速关闭所有火区电源和通风系统,如水密门、防火门、通风筒内隔火挡板。

2.防护周围

在火区周围留出隔离带,用水冷却周围,并注意对火区周围的舱壁和重要设施、设备进行冷却防护。车辆舱失火时,应注意对火区附近的车辆进行冷却,还应注意对火区附近的舱壁以及火区上方车辆舱的顶板进行冷却,可用直流水枪喷冷顶部,因为冲击水流可变为水花,灭火效果较好。

(三)消防指挥与组织

1.消防指挥

船舶消防总指挥是船长,对全船的整体情况负主要责任,对出现的问题应全面了解和掌握,应随时提醒和指导现场指挥正确灭火,包括岸基消防队到船协助灭火;同时还应加强与主管机关、公司等岸基人员和救助力量的联系。

机舱失火时,轮机长担任现场指挥;其他火灾的现场指挥均由大副担任。现场指挥要充分发挥消防人力资源和物质资源的作用,迅速灭火。

灭火的成功在于总指挥和现场指挥之间信息的不断沟通、双方经验能力的密切配合及统一集中指挥,只有达到全船一条心,劲往一处使,力往一处发,全力自救灭火,才能转危为安。

2.消防组织

消防组织按照应变部署表,分为消防队、隔离队、救护队等。现场指挥和各队长应了解成员的情况,最大限度地发挥船员资源的作用,必要时可以进行岗位调整。

(四)探火与灭火行动的展开

灭火原则为先控制后消灭,先探明火情后采取行动。

1.探火

探火的主要目的是迅速查清火灾位置、类别、性质及蔓延的速度和扩散的方向等,以利于尽快确定正确的灭火方法(战术)并及时灭火。当然,对于那些火情小、火势弱、一看就明了的火,则不必探火,可直接灭掉,所以不是一切火灾都必须探火。

探火员必须正确使用消防员装备。使用消防员装备的探火、灭火人员应遵循"三不准使用"原则,即呼吸系统疾病患者不准使用,刚干完重活者不准使用,未受过训练者不准使用。戴好呼吸器后,应随时观察压力表的数值,根据撤离到安全地点的距离和时间,及时撤离火区,或听到警报器发出报警信号时立即撤离。

探火时,探火员应两人一组以低姿势进入火区,互相保护,当烟雾过大时可沿甲板爬行。注意防火安全绳的正确使用,一旦有危急情况应按事先规定的信号予以救援。

2.灭火

客船灭火是非常困难且危险的工作。所以,无论是在演习时,还是在真正灭火时,参加灭火的人员都应从思想上充分认识到这一工作的艰巨性和重要性;从战术上灵活地掌握和运用所学过的知识。通常,船舶灭火战术主要有四种,即封堵火势、防护周围、直接扑灭和间接扑灭,具体如表 5-2-1 所示。

表 5-2-1　船舶灭火战术

灭火战术	适应时机	主要措施
封堵火势	火灾初期	迅速关断火灾区所有通风和电路电源
防护周围	灭火全程	留隔离带,切断火灾周围电源,用水冷却周围等
直接扑灭	火已查清,已被控制时	人员使用消防器材进火场灭火
间接扑灭	起火点多,火势猛烈时	人员撤离,封闭火场,施放固定灭火系统灭火

上述四种灭火战术均可单独使用,但在实际灭火中,往往需要综合使用,这样才会取得更好的效果。如滚装客船特种处所失火时,在封堵火势和防护周围的基础上,可派消防队进舱直接灭火,同时打开固定式压力水雾灭火系统灭火。如果舱内消防水系统受限或无法接通,则应迅速由上层或下层甲板引进消防水龙,一定要注意减少盲目喷射水的问题并及时解决排水问题,应始终保持排水孔畅通。如果火势过猛、起火点较多,不能直接扑灭时,则只能采用封舱灭火的方式。而大型车辆舱封舱灭火时一定要放灭火剂,如果开启喷淋灭火系统,一定要用水冷却周围,尤其是上层甲板,以达到灭火的目的。

车辆舱灭火时,应时刻注意水灭火对船舶稳性的影响,还应注意,如果货物移动或散落,可能导致排水孔堵塞,因此消防队员应注意观察排水孔,对其进行及时清理,以免积水产生自由液面,使船舶稳性恶化。通常,船舶在排水孔上方加装网罩,可以有效地防止杂物将其堵塞。排水孔的位置指示与网罩如图 5-2-8 所示。

图 5-2-8　排水孔的位置指示与网罩

(五)灭火后的检查与清理

确认火灾已经被彻底扑灭后,应进行检查和清理。检查清理人员进入火场前必须进行通风,并使用测氧仪测氧。虽然氧气含量达到 16% 就可以维持生命,但等到氧气含量恢复至 21% 时,人员再进入是更为明智的做法。

检查和清理的范围不仅包括火场内部,还包括火场周围及可能蔓延到的地方,如车辆舱上、下层甲板,尤其是火区顶部上甲板舱室和电线电缆线路及通风管道涉及部位。检查的主要项目包括:

1. 救人

在灭火中舱内可能有中毒、窒息等的受伤人员,一旦发现,立刻救助。

2. 防止复燃

应清理火场内隐藏的火和灼热的余烬,尤其是固体可燃物,如棉花、布匹、麻等的余烬,因为固体氧化物的灰烬往往在含氧只有 3% 的情况下仍有复燃的可能,一旦供氧充足则会死灰复燃,所以应特别注意。一旦发现复燃,立即发出灭火警报。

3. 油箱及甲板积油

车辆舱火灾中油箱及箱盖的破损一定要及时处理好,以防止其进一步泄漏;另外,还应检查甲板,如有积油应清理干净。

第三节
客船救生及其应急资源的优化使用

一、客船救生设备

船上配备的救生设备通常包括救生艇、救生筏和救助艇,个人救生设备,应急通信设备等,个人救生设备在第二章中已经介绍,在此不做赘述。

(一)救生艇、救生筏和救助艇

救生艇和救生筏是客船上配备的大型救生设备,是发生海难后,逃离难船的主要工具,其特点是载员多、属具备品齐全、施放快速、操纵便捷、安全性高等。

1. 救生艇

客船上救生艇(Lifeboat)存放于船舶的两侧或船尾,并尽可能靠近起居处所和服务处所,便于船员和旅客登乘,如图 5-3-1 所示。同时在救生艇附近设有集合站,能容纳指定在该集合站的所有人员。集合站以及通往集合站的通道、楼梯和出入口设有应急照明灯及指引标志。为便于集合和登乘,应对救生艇进行编号,其原则是右舷为单数,左舷为双数,由船首至船尾顺序编号;若不止一层甲板放置救生艇,其顺序应为自高层甲板至低层甲板。

图 5-3-1 救生艇

救生艇上应以明显的字迹永久标明核准乘员的数量,救生艇从属船舶名称及船籍港应以粗体罗马字母标明于艇首两侧,救生艇从属船舶名称和救生艇号码标志应能从空中看清。

2. 救生筏

救生筏(Liferaft)能迅速地被施放并漂浮于水面,供遇险船员及旅客登乘。其优点是体积小、重量轻、操作简单方便。其缺点主要表现为无自航能力,只能在水中漂浮待救;投放后在水面易呈翻覆状态,需要人工扶正;浮胎易发生破损漏水等。

客船上广泛使用的救生筏主要是气胀式救生筏。气胀式救生筏折叠存放在水密存放筒内,置于甲板上专用的座架上,如图5-3-2所示。为保证船舶下沉时气胀式救生筏能自由浮起,在绑带上装有静水压力释放器。滚装客船的救生筏应使用符合规则要求的海上撤离系统或降落设备,并应能均等地分布在船舶两侧。

图5-3-2 存放于船舷的救生筏

气胀式救生筏的充气是由一根引出存放筒外面的尼龙拉索(亦作艄缆)来控制的,拉索拉开二氧化碳气瓶后,在常温中1 min即可充足气。气温过低充足气的时间就要长些,在-30 ℃气温中,需要3 min才能充足气。

气胀式救生筏一般是抛落水中后充气上浮的,乘员从绳梯爬下或先跳入水中再爬入筏内。也有在甲板上充气并载满乘客,用救生筏降落装置吊放水中的。

气胀式救生筏充气时处于倾覆位置时,可一人下水,利用装设在筏底的扶正带即可将其翻转扶正。

气胀式救生筏中,还有自动扶正式救生筏和带顶篷两面可用的救生筏。自动扶正式救生筏的篷柱比较粗大、篷顶比较圆滑,容易滚动。带顶篷两面可用的救生筏是在充气后,救生筏无论哪一面朝上都可正常使用,都带有顶篷,并且整个筏体都是稳定的。滚装客船的每只救生筏应为自动扶正的或为带顶篷两面可用的救生筏,或者除了配备正常额定救生筏之外,还应配备自动扶正救生筏或带顶篷两面可用的救生筏,其总容量至少为救生艇所未容纳者的50%。该附加的救生筏容量应根据船上总人数与救生艇乘员数之间的差值决定。

3. 救生艇筏的配备

SOLAS 公约要求国际航行的客船应配备足够的符合规则要求的救生艇筏,具体如下:

(1)从事短程国际航行的客船

短程国际航行系指在航行中,船舶距离能够安全安置乘客和船员的港口或地点不超过 200 n mile 的国际航行。起航国最后停靠港至最终目的港之间的距离与返航航程均应不超过 600 n mile。

部分封闭或全封闭救生艇的总容量应至少能容纳船上人员总数的 30%,并应尽可能均等地分布在船舶各舷。救生筏连同救生艇的总容量,应能容纳船上全部人员。这些救生筏应使用均等分布在船舶每舷的降落设备。

此外,救生筏的总容量应至少能容纳船上人员总数的 25%。这些救生筏应使用每舷至少 1 台降落设备,或是能在两舷均可使用的等效认可设备。

(2)从事非短程国际航行的客船

部分封闭或全封闭救生艇在每舷的总容量应不少于船上人员总数的 50%。主管机关可准许以相等总容量的救生筏代替救生艇,但船舶每舷必须配备足够容纳不少于船上人员总数 37.5% 的救生艇。

此外,救生筏的总容量应至少为船上人员总数的 25%。这些救生筏应使用每舷至少 1 台降落设备,或是能在两舷均可使用的等效认可设备。

(3)500 总吨以下、船上人员总数少于 200 人的客船

每舷配备救生筏的总容量应能容纳船上人员总数;如果上述救生筏不能存放在单层开敞甲板上易于做舷对舷转移的位置,应配备附加救生筏,使每舷可用的总容量为船上人员总数的 150%;如果救助艇也是符合规则要求的部分封闭或全封闭式救生艇,则可计入总容量,但是船舶任何一舷的总容量应至少是船上人员总数的 150%;在任何一艘救生艇筏掉失或不能使用时,每舷可供使用的救生艇筏,包括存放在一个能在单层开敞甲板上易于做舷对舷转移的位置的救生艇筏,应能足够容纳船上的全部人员。

所有救生艇筏在所有人员集合并穿妥救生衣后,应能在发出弃船信号后 30 min 内载足额定乘员及属具降落水面。

4. 救助艇及其配备

救助艇(Rescue boat)是为救助遇险人员和集结救生艇筏而设计的艇,具有良好的操纵性能和机动性能。主管机关允许配置在船上的救助艇长度应不小于 3.8 m,不大于 8.5 m,其乘员定额至少能搭载 5 个座位人员和 1 个躺位人员。救助艇的航速应不小于 6 kn,并以此航速维持航行不少于 4 h。

救助艇通常存放于船舶的两侧或船尾易于降放和回收之处,并尽可能靠近起居处所和服务处所,便于船员和旅客登乘,救助艇在船时应处于随时可用的状态,要求在 5 min 内就能够降落。

500 总吨及以上的客船应在船舶每舷至少配备一艘符合规则要求的救助艇,500 总吨以下的客船应至少配备一艘符合规则要求的救助艇,如果救生艇及其降落和回收装置也符合对救助艇的要求,则可以接受此救生艇作为救助艇。滚装客船上的救助艇中应至少有一艘为符合规则要求的快速救助艇。

5.救生筏的集结

配备于客船上的救生艇和救助艇的数量应能足以确保在供船上全体人员弃船使用时,每艘救生艇或救助艇需要集结的救生筏不多于6个。

配备于从事短程国际航行的客船上的救生艇和救助艇的数量应能足以确保在供船上全体人员弃船使用时,每艘救生艇或救助艇需要集结的救生筏不多于9个。

(二)海上撤离系统

海上撤离系统是指将人员从船舶的登乘甲板迅速转移到漂浮的救生艇筏上的设备,为各种年龄、身材和体质,并穿着救生衣的人员,提供从登乘地点到漂浮平台或救生艇筏的安全通道。根据SOLAS公约的要求,客船上的海上撤离系统应能由一个人布放,并能使其设计的人员总数在发出弃船信号30 min内从船上撤离到气胀式救生筏上。

1.海上撤离系统的分类

海上撤离系统有滑道式海上撤离系统和槽座式海上撤离系统两种,如图5-3-3所示。

(a)滑道式海上撤离系统   (b)槽座式海上撤离系统

图5-3-3　海上撤离系统

(1)滑道式海上撤离系统

滑道式海上撤离系统主要由充气滑道和登筏平台组成,滑道分为单滑道和双滑道,登筏平台是在滑道下端充胀成形的平台,其直径为8 m左右。该系统采用气胀式,撤离通道和平台包装在同一容器内,将贮放于钢瓶内的气体作为充气气体。使用时,仅由1名船员即可从甲板上启动整个系统,使滑道和登筏平台充胀成形。

(2)槽座式海上撤离系统

槽座式海上撤离系统主要由垂直的撤离通道和登筏平台组成,根据撤离通道的内部构造,分为"之"字撤离系统和螺旋撤离系统。

"之"字撤离系统在垂直的筒内用曲折的材料做接头的方法控制滑行速度。其启动方式与滑道式一样,在客船甲板舷旁装有储存箱,仅由一名船员即可启动,只是在使用时旅客撤离不再用滑道而改用槽座垂直逐节下降。在槽座内的旅客自己可以掌握下降的速度,减轻了心理恐惧感,可以平安地到达登筏平台。

螺旋撤离系统和"之"字撤离系统类似,在垂直的筒内采用螺旋滑槽的方式控制滑行速度。

2.海上撤离系统的存放

海上撤离系统应布置在能安全降落的位置,远离推进器及船体弯曲悬空部分,尽量使海上撤离系统从船舷平直部分降落下水,存放位置应有明显标志。

在海上撤离系统的登乘站和最轻载航行水线之间的船侧不得有任何开口,并应设有保护该系统免受任何突出物影响的设施。

每一海上撤离系统的存放都应使通道或平台,或其存放或操作装置不会妨碍任何其他救生设备在任何其他降落站的操作。应对在存放位置的海上撤离系统加以保护,使其免受巨浪引起的损坏。

3.海上撤离系统的管理

撤离通道和平台应包装在同一容器内,在容器上或其附近张贴降落和操作须知。如果船上配备一个或多个海上撤离系统,至少50%的系统应在安装后进行布放,未试验的系统应在安装后的12个月内进行布放。

(三)救生圈

1.救生圈的标志与存放

救生圈(Lifebuoy)应以粗体罗马大写字母标明其所属船舶的船名和船籍港,我国船舶要求以印刷体汉字和汉语拼音字母标明其所属的船名和船籍港。救生圈分布在船舶两舷易于取用之处,并尽可能布置在所有延伸到船舷的露天甲板上,至少有一个应放在船尾附近。救生圈应能从存放位置随时迅速取下使用,不得以任何方式做永久紧固,其存放位置应有明显的标志。根据需要,救生圈可配备自亮灯浮、自发烟雾信号、可浮救生索等装置,如图5-3-4所示。

(a)普通救生圈

(b)带自亮灯浮的救生圈

(c)带自发烟雾信号的救生圈

(d)带可浮救生索的救生圈

图5-3-4 救生圈

2.救生圈的配备要求

(1)客船救生圈的最低配备数量要求如表5-3-1所示。

表 5-3-1　客船救生圈的最低配备数量要求

船长 L	救生圈的最低配备数量(个)
L<60 m	8
60 m≤L<120 m	12
120 m≤L<180 m	18
180 m≤L<240 m	24
L≥240 m	30

(2)船舶每舷至少有 1 个救生圈附有可浮救生索,其长度不少于 30 m,或其存放处在最轻载航行水线以上高度的 2 倍,两者取大者。

(3)不少于总数一半的救生圈应带有自亮灯,并且这些救生圈中不少于 2 个还应设有自发烟雾信号,并能从驾驶室迅速抛投;设有自亮灯的救生圈和设有自亮灯及自发烟雾信号的救生圈,应均等分布在船舶两舷,这类救生圈不应是按(2)中要求装有救生索的救生圈。

(4)尽管有上述要求,长度为 60 m 以下的客船仍应配备不少于 6 只带有自亮灯的救生圈。

(四)求生信号

求生信号包括火箭降落伞火焰信号、手持火焰信号、飘浮烟雾信号、日光反射镜等,其作用是显示遇险船或救生艇筏的位置,以便引起周围的船舶和飞机上的人员的注意。求生信号按照规范的要求和数量,配备在救生艇筏内和船舶驾驶台,客船驾驶台上应配备不少于 12 支火箭降落伞火焰信号。

使用求生信号时,应特别注意使用时机,即白天最好使用烟雾信号,夜间尽可能使用火焰信号,并且只有当船舶、飞机出现在视线范围内时,使用这些信号才能起到遇险报警的作用。

(五)应急通信设备

1.双向甚高频无线电话设备

客船应至少配备 3 台双向甚高频无线电话设备(Two-way VHF radiotelephone),主要用于较短距离的遇险通信,如本船船内通信、救生艇筏与本船之间的通信、救助船舶和飞机与难船或救生艇筏之间的通信。双向甚高频无线电话存放于驾驶台,电池应在有效期内或保持电量充足状态,存放处应有明显标志。

2.搜救定位装置

客船每舷应至少配有 1 台搜救定位装置(Search and rescue locating device)。搜救定位装置存放时应能被迅速放置到救生艇筏中,也可以在每艘救生艇筏上安置一个搜救定位装置。

滚装客船上携带的救生筏应按每 4 个救生筏有 1 个的比例安装搜救定位装置,该装置应安装在救生筏内侧,以便当救生筏展开时,其天线能高出海平面 1 m;但对于带顶篷两面可用的救生筏,搜救定位装置应布置在幸存者易于接近并架设的位置。每一搜救定位装置应布置在当救生筏展开时能人工架设的位置。装有搜救定位装置的救生筏容器应清楚地标明。

3. 通用应急报警系统

船舶应配备 1 套通用应急报警系统（General alarm system），以供召集旅客与船员至集合站和采取应变部署表所列行动之用。当通用应急报警系统启动时，娱乐声响系统应自动关闭。客船的通用应急报警系统发出的报警应在所有起居处所、船员通常工作处所，以及所有开敞甲板上都能听到。

4. 客船公共广播系统

所有客船应设置 1 套公共广播系统（Public address system），能向船员和旅客，以及他/她们经常活动的处所广播信息。公共广播系统在所有处所内的播音都应高于环境噪声，并应能被清晰地听到。

该系统还应配备 1 个可从驾驶室的某一位置以及主管机关认为必需的船上的其他位置进行控制的越控功能，以便当有关处所内的任一扩音器已被关闭、音量已被关小或公共广播系统供作他用时，也能广播所有的紧急信息。公共广播系统至少应有两个在整个线路上完全独立的回路，并应有两个分开和独立的扩音器；公共广播系统应与应急电源相连接。

（六）其他救生设备

1. 救生浮具

救生浮具（Buoyancy apparatus）是一个用钢质空气箱或泡沫塑料包以帆布或玻璃纤维增强塑料制成的矩形或圆形浮体，以供遇险人员把扶其上，漂浮水面等待救援的救生工具，如图 5-3-5 所示。浮体当中有绳网或活动木格脚踏板，供体弱者乘坐之用。浮体外侧装有链环把手，供水中遇险者攀附之用。救生浮具平时放在甲板上，可以重叠堆放，做适当的缚牢，使用时只需解开缚绳用人力投入水中即可，两面均可使用。

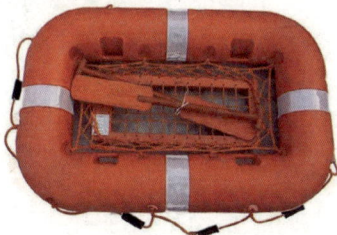

图 5-3-5 救生浮具

2. 抛绳设备

船舶应至少配备 1 套抛绳设备（Line throwing appliance），装在防水容器中，并备有使用说明书和图解。每套抛绳设备应包括不少于 4 个抛绳体和 4 根抛射绳。其用于遇险船、救生艇筏与救助船舶或陆岸之间传递绳索，快速带缆，以便得到救助。

二、应急救生设备的管理和优化使用

为充分利用船舶应急救生设备，确保在紧急情况下能发挥出其最大的作用，船员应加强救生设备的日常管理。

（1）按照设备的要求和公司规定，对救生设备进行定期的维护保养、检查和测试，保持所有的救生设备处于随时可用的状态。

（2）救生设备的存放地点，应利于迅速操作，以及船上人员的迅速集结和登乘；存放处应有明显标志和操作须知，周围不得堆放杂物。

（3）确保所有通向登艇地点的通道、进出口以及救生设备存放地点都有应急照明，在船舶不利倾斜的情况下，断电后能维持 3 h。

（4）在进行船上应急培训和演习时，应加强对应急救生设备操作方面的训练。

三、客船救生应急反应

（一）人员落水

船上旅客或船员因故落入舷外水中，可能危及人身安全。人员落水救生的首要原则是全力营救落水人员，保护旅客安全。

1. 发现人员落水后的反应

（1）船员在船舷边发现有人员落水，应立即就近投下救生圈并大声呼救，利用通信方式迅速告知驾驶台人员落水的部位。抛投救生圈时注意不要打到落水人员。

（2）驾驶台人员接到报警后，操纵船舶甩开船尾，发出人员落水报警信号，派专人瞭望；同时根据船长指令悬挂 O 字旗。

2. 听到警报后的反应

当听到落水警报信号后，船员按应变部署表的分工，穿着救生衣并携带救生器材到指定集合点集合，全过程在 2 min 内完成。

3. 救助落水人员

（1）艇长应携无线电通信设备，根据总指挥命令，在现场指挥放艇，救生艇或救助艇应在 5 min 内降落水面，由艇长指挥操纵营救落水人员。

（2）有旅客在船时，客运工作人员应按应变部署表的分工，维持好旅客秩序，劝说旅客留在房间或回到房间，以防旅客因拥挤观望而妨碍救生行动的顺利进行或发生其他事故。

（3）船员应准备毛毯等保暖物品，以及牛奶、水等热饮，待救生艇救回落水人员后，为其换上干衣服或裹上毛毯，帮助其恢复体温；切忌给落水人员喝酒或含酒精的饮料，也绝不能用按摩、药物或酒精涂擦、局部加温或烤火等方式来促进落水人员的血液流通。

4. 根据公司的相关规定，做好善后工作

（二）弃船求生

船舶遇到严重危险，经船员竭尽全力抢救仍无法挽救船舶，船上人员生命面临巨大威胁时，船长可以宣布弃船。

1. 弃船命令的发出

弃船命令应由船长下达，条件允许时，船长在做出决定之前应征询主要船员的意见，并征得公司同意。船长下达弃船命令时，应鸣放弃船警报。

2. 听到命令或警报的反应

当听到弃船命令或警报后，船员按应变部署表的分工，穿着救生衣并携带救生器材到指定集合点集合,全过程在 2 min 内完成。

3. 组织旅客撤离

(1)船员应根据应变部署的要求,指导旅客正确穿着救生衣,如果时间允许,应多穿衣服、戴上手套及帽子等以减少人体热量散发,多带毛毯、淡水及食品等,然后组织并协助旅客快速到达集合地点。

(2)旅客撤离时,应有船员在前面领路,或在一些必要的位置,如拐角,做相应的引导指示。撤离过程中,应尽可能维持好旅客的秩序,以免发生堵塞、践踏等事故。对于残疾人员和需要特别协助的人员应给予援助。

(3)到达集合地点后,应尽快清点人数,并安排专人搜索旅客舱室,以发现仍然滞留在客舱内的旅客。

4. 离开难船

人员全部到齐后,便可组织人员登乘救生艇筏,离开大船。

(1)登上艇筏时,尽量保持身体干燥,从船上直接登乘救生艇筏,要保持良好的秩序,待救生艇降至登艇甲板才允许旅客登艇,让旅客依次登乘,避免争先恐后发生混乱。

(2)船员要严守纪律,保持镇静,切不可慌乱失措,应首先安排旅客安全离船,不得与旅客争抢登艇筏。

(3)求生者可直接跳入救生筏的出入口,但高度不能超过 4.5 m,并应注意不能碰撞筏内人员。

(4)万不得已需要跳水时,应尽量选择低处,查看舷外及水面有无障碍物再跳入水中,尽量避免从 5 m 以上高度跳入水中;缩短在水中停留的时间,尽快登上艇筏,一旦登不上艇筏,不要做不必要的游泳运动以免增大人体热量的耗失。

(5)入水后要保护好手脚及身体各部位,以免被物体损伤出血,引来鲨鱼。遇到鲨鱼以避开为妙,不能避开时可大叫大嚷,惊跑它或打它的最敏感部位(鼻子),切不可与它搏斗。鱼类有趋光性,因此手表、手心或脚掌应避免裸露。

(6)当水面有火时,应选择从上风入水,在水下向上风潜游,换气时手先探出水面,拨开水面火焰,头部露出水面时脸转向下风;当水面有油时,应尽量使头部高出水面,紧闭住口,切勿让油入口下腹,注意防止油溅入眼中。

5. 登上艇筏后的注意事项

(1)保持艇筏内干燥,救生艇筏应张起风雨篷,无论严寒与酷暑,都应避免人体长时间暴露;严寒时人员可聚在一起,覆盖毛毯、衣物御寒,不时活动四肢保持血液循环;酷热难耐时绝对禁止游泳。

(2)轮流值班,负责内外部瞭望,便于及时发现船舶、飞机、溺水人员,收集有用物品,擦干筏底等,注意通风,照顾伤患人员。

(3)按配给量使用淡水及食物,避免不必要的运动,服用晕船药,保持体内水分。

(4)禁止喝酒,因为喝酒不但不能帮助保持体温,还会增加身体热量的散失;绝对不可以饮用海水和尿,海水和尿会使人体水分散失更快,以至更感口渴,加速死亡。

(5)保持乐观的情绪以克服由于寒冷、焦急、饥饿、口渴、晕船等带来的影响,坚定求生的意志,要相互鼓励,增加待救的信心与决心,直至安全获救。

第四节

客船堵漏及其应急资源的优化使用

船舶根据其大小、类型、航区的不同,配有一定数量的堵漏器材、工具和材料。它们应存放在水线以上便于到达的舱室内,室外应有明显标记,室内保持干燥、通风。

一、堵漏设备

1. 堵漏毯

堵漏毯(Collision mat),又称堵漏席,如图 5-4-1 所示,当船舶破损时用以在舷外遮挡和堵塞破洞的毯垫,是一种较为有效的堵漏应急器材,有轻型和重型两种。堵漏时将有麻绒的一面贴在破口处,靠水的压力将堵漏毯压紧在船壳板上,堵住破口。堵漏毯虽不能将破口封堵严密,但能大大减少破洞的进水量,为进一步采取堵漏措施创造条件。

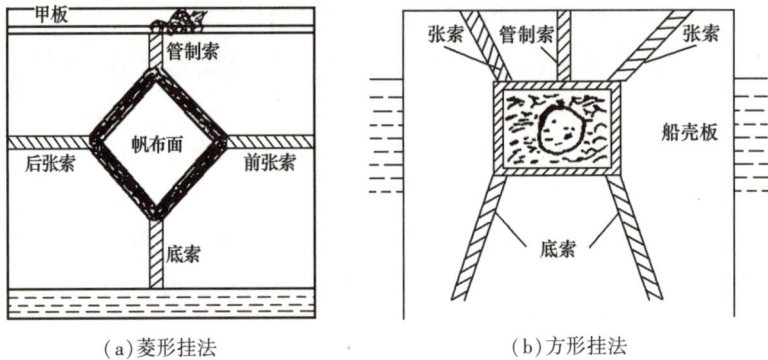

(a)菱形挂法　　　　(b)方形挂法

图 5-4-1　堵漏毯

2. 堵漏板

堵漏板(Patch board)由方形或圆形的金属板或木板、橡皮垫及固定装置构成,用来堵舷窗大小的中型洞。堵漏板包括螺杆折式(折叠式)、圆形折式等类型,如图 5-4-2 所示。

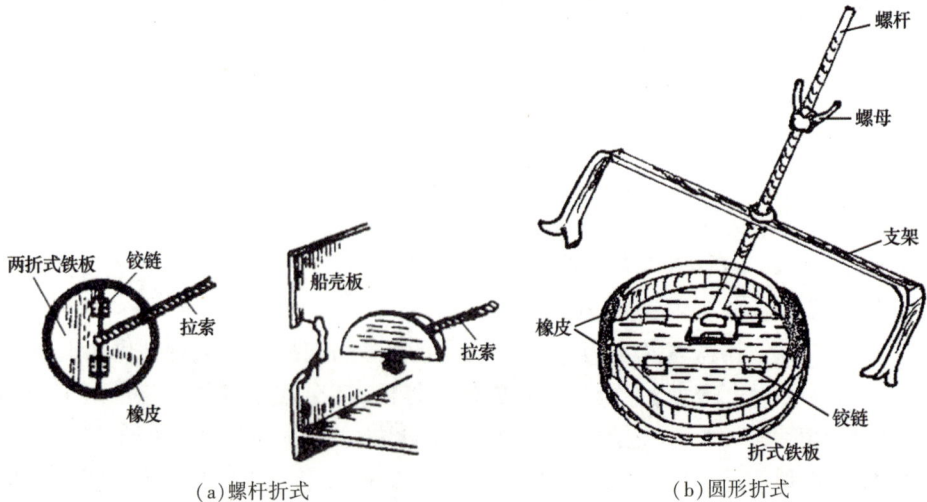

(a)螺杆折式　　　　(b)圆形折式

图 5-4-2　堵漏板

3. 堵漏箱

堵漏箱(Patch box)是一方形铁箱,从船内进行堵漏,主要用于覆罩有较大向内卷边的洞口,或有一些小型突出物的船壳裂口,或以木塞、木楔塞堵后四周仍不规则的缝孔等,如图 5-4-3 所示。

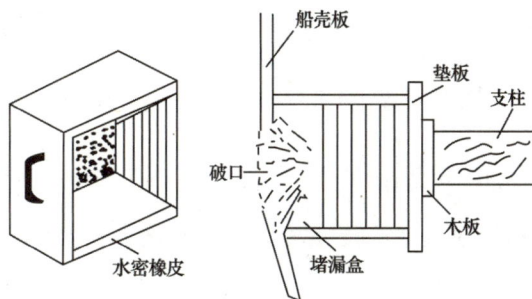

图 5-4-3 堵漏箱

4. 堵漏螺杆

堵漏螺杆(Patch bolt)有 T 形螺杆和钩头螺杆等,可堵中型洞或裂缝,如图 5-4-4 所示。使用时配合有孔的垫板或垫木。

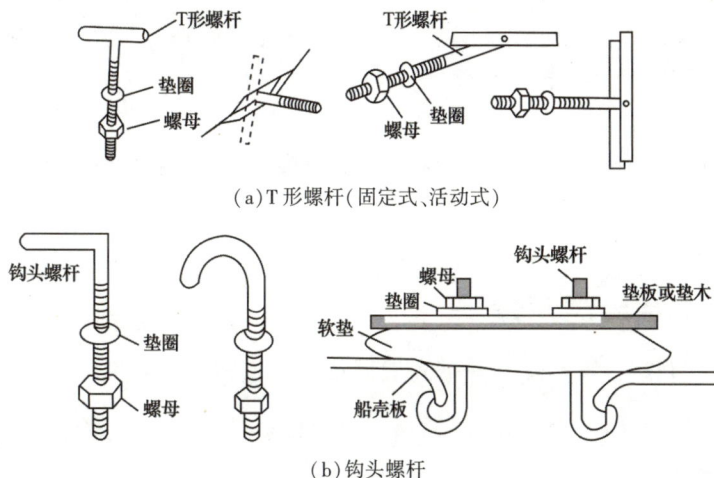

(a)T 形螺杆(固定式、活动式)

(b)钩头螺杆

图 5-4-4 堵漏螺杆

5. 堵漏柱

堵漏柱(Bracing post)在堵漏时作支撑用,长度不一,配有一定数量的垫木和垫板。

6. 其他堵漏器材

一般情况下滚装客船应配有各种专用木塞、木楔,以及作垫料用的毡、橡皮等,并备有高强度混凝土、黄沙、细石子及催凝剂等。

二、应急堵漏设备的管理和优化使用

(一)应急堵漏设备的存放与管理

(1)堵漏设备应分类存放在规定地点,派专人保管,不能移作他用,存放舱室外应有明显标志。

(2)各种金属堵漏器材与部件应注意防止锈蚀,活动部分应经常加油润滑,以保持灵活。

(3)纤维材料制作的堵漏器材,如堵漏毯、软垫、帆布和麻絮等,应经常晾晒通风,保持干燥,防止霉烂。

(4)木质堵漏器材不要置于高温、潮湿处。

(5)橡胶填料不可接触油,也不宜置于高温或潮湿处。

(6)水泥要防潮,防止压实结块,一般应每半年至一年更换一次;黄沙应保持清洁,防止被油污染。

(二)应急堵漏设备的优化使用

船舶进水后,应根据破损位置及破口大小,合理选用各种堵漏器材,采取有效措施。

1. 水线以下的破洞

(1)小型破洞采用木塞堵,孔大时,圆形方形木塞混用,堵后用油麻丝填塞。

(2)小于堵漏板的破孔可用堵漏板或堵漏箱堵住。

(3)大于堵漏板的破口先用堵漏毯堵住控制其压力,再做水泥型箱,灌进调好的水泥浆,破口处敷设钢筋或铁丝网,型箱侧壁装引流管,水泥凝固后再用木塞塞住。

2. 水线以上的破洞

水线以上的破洞在舱内外都可堵塞,但从外向里堵比较可靠。小的破洞,各种器材均可用来撑堵;大的破洞可用床垫和撑柱进行撑堵。

3. 裂缝

裂缝不应直接用木塞或木楔打入,以免裂缝扩展,最好用堵漏螺杆加上垫板,或在裂缝两端打好止裂孔,再用木塞堵住。情况许可时,可用电焊设备焊补或用黏合剂黏补等办法。

三、客船进水应急反应

船舶因碰撞、搁浅、触礁、爆炸或遭到武器攻击而造成船体破损进水时,应采取如下步骤:

(一)发出警报

立即发出堵漏应变警报,将各层甲板及货舱的水密舱室界限上的一切开口迅速关闭,备车,减速,将破损部位置于下风处。

(二)听到警报信号后的反应

听到警报信号后,除固定值班人员外,所有船员应按应变部署表的规定,携带器材迅速赶到现场,集合待命。

(三)堵漏应急行动的展开

1. 分工

堵漏应变部署,由大副担任现场指挥,船员一般分编成堵漏、排水、隔离、救护四队。

2. 查找准确破损位置和漏情

堵漏抢险之关键是应尽快找出准确的破损部位和掌握漏情。寻找破损部位时除派人到各处可以直接观察的地方检查外,还可以用下述方法进行判断寻找:

（1）倾听各空气管内的水声；

（2）观察船旁水面有无气泡，记下冒泡的肋骨号；

（3）在舱内以听声或目视观察的方式查清渗漏部位，并尽可能查清漏洞大小和形状。

3. 堵漏抢险

现场指挥并查明险情，在确定施救方案后，各队队长应带领队员投入抢救。

（1）木匠应立即测量各污水井和水舱的水位，向总指挥和现场指挥报告，抢救过程中还应定时测量，以供领导估计渗漏部位和进水量。

（2）堵漏队直接负责堵漏和抢修工作，根据漏情选择合适的堵漏设备，采取堵漏抢修措施。总指挥和现场指挥应根据漏情发展，及时调整部署。

（3）应通知机舱迅速排水，根据漏洞大小和木匠测量的数据，结合船舶倾斜度和吃水差估算出进水量和进、排水量差。

（4）抢救中应根据水流的方向和漏洞部位，正确地使用车舵操纵，减速停车，将破损部位放在下风，以减少水压和进水量，并配合堵漏毯的施放。

4. 旅客的应急管理

全体客运人员应按"应变部署表""应变任务卡"上的职责，尽快地到达指定位置，维持旅客秩序，安抚旅客情绪，根据堵漏进展情况安排和照顾旅客。

5. 应急的后续措施

如进水严重且情况紧急，船长应请求第三方的支援，并尽可能选择适宜的地点抢滩。当确认堵漏无效，船舶面临沉没危险时，船长应宣布弃船。

第五节

客船溢油及其应急资源的优化使用

船舶防污染资源一般有油水分离器、污油舱生活污水处理装置、焚烧炉等机舱设备，还有围油栏、污油吸附器材、打捞器材和盛具、消油剂等应急设备与器材。

一、应急防污染设备

（一）围油栏

围油栏（Oil boom）是一种用于防止溢油扩散、缩小溢油面积、转移溢油和保护水域环境的防污染器材。船用围油栏分为固体浮体式、气体浮体式和充气式三种。固体浮体式围油栏大都为每节 20 m，充气式围油栏大都为每节 30 m，使用时需把多节围油栏连接起来。连接方法有卸扣连接、螺钉连接等。围油栏在甲板上连接好后，尽可能用船舶装卸设备吊放入海，或用其他能避免围油栏与船体摩擦的方式投放。围油栏下水前必须整理裙体和绳系，避免扭曲和缠结，要确保围油栏下水流畅和在水中姿势正确。投放时，水面应有小艇配合，避免堆积。围油栏的布放如图 5-5-1 所示。

图 5-5-1　围油栏的布放

如果有足够数量的围油栏,溢油尚未大面积扩散,通常采取围控措施,即把溢油包围在船旁;如果围油栏数量不足以围控,可用两艘小艇拖带围油栏进行扫油,包围较多溢油后,腾出一艘小艇清除围住的油污。如果有三艘小艇,则可采取两艘小艇扫油,第三艘小艇在围油栏内除油的方案。除油结束后,应谨慎地回收、拆解和清洗围油栏,晾干后按厂家要求存放。

(二)吸油毡

吸油毡(Oil absorption felt)通常用聚丙烯等人造聚合物材料制作,也有用棉花纤维制作的,吸油量通常为自重的 10～20 倍,吸水量应小于自重的 1.5 倍。在通常保管情况下其性能变化很小,在吸油状态下能长时间保持原来形状,使用后容易回收,可以燃烧处理,燃烧时产生的有害气体少。

海上使用吸油毡,通常在围控状态下,用小艇向溢油多处水平投放,在一面吸油后使其翻身再充分吸油,如图 5-5-2 所示。应及时回收吸足油的吸油毡。最好使用足够数量的吸油毡,使其处于吸油未饱和状态并可以不断吸油。当余油稀薄时,应逐步缩小围控范围。使用吸油材料时,不得使用消油剂,以免降低吸油材料的吸油能力。回收的吸油毡应及时做焚烧处理,并防止滴出的含油污水第二次污染水域。

图 5-5-2　吸油毡的使用

(三)木屑、草袋

木屑、草袋属于天然有机吸油材料,能够成功地吸取重量是其自身重量的 5～10 倍的溢油,最适用于吸取原油和重油。木屑和草袋吸水性强,应存放于干燥通风处,谨防潮湿,严禁雨淋。

1. 使用木屑和草袋吸收船上溢油

(1)派人采取关阀、移驳等阻止继续溢油的措施,并在溢油下游处铺设草袋和木屑围堵和吸油,油流大时应构筑围堰并在其上加压重物以防冲决。

(2)向上游的溢油抛足够数量的草袋和木屑,再次播撒木屑并搅拌,直至甲板溢油全部被吸干净。以同样的方法处理下游的围油处所。该方法同样适用于有毒液体物质的处理,但处理人员应采取防毒措施。

(3)已吸取溢油的木屑和草袋应集中堆放和迅速处理,防止二次污染和积热自燃,通常采用在船上焚烧处理或卸岸处理的方法。

2. 用木屑和草袋吸附水中溢油

(1)先用围油栏围控溢油,没有围油栏的船舶可用能漂浮的化纤缆绳代替,以控制溢油和吸油材料的飘散,方便吸油作业和回收吸油材料;

(2)用小艇向溢油面播撒草袋或木屑;

(3)在吸油后应立即捞出木屑和草袋,因其吸水量较大,长时间留在水中会因吸水后重量变大而沉入水下;

(4)从水中捞起的吸油材料应尽快做焚烧处理。

(四)消油剂

消油剂(Oil dispersant)是溢油分散剂的俗名,是目前使用最多的溢油处理剂。消油剂通常是在船舶回收大部分溢油后处理水面残油,或是在因风浪大无法回收溢油时使用的。在沿海国管辖区域内使用消油剂,应遵守沿海国的法规要求。我国目前规定,在我国管辖水域内处置船舶污染事故使用的消油剂应当符合我国的有关标准。

二、船舶溢油应急反应

400总吨及以上的客船,应配备经主管机关批准的船上油污应急计划,以指导船员针对发生或可能发生的油污事故,采取必要措施,控制或减少排放或减轻其危害。

1. 发出警报

立即发出溢油应变警报,召集船员准备应急。

2. 听到警报后的反应

听到警报信号后,船员应按船上油污应急计划的要求,携带器材迅速赶到现场,集合待命。

3. 防污染行动

(1)现场指挥应组织船员立即查明污染源,根据情况拟订应急具体措施与方案。

(2)控制泄漏处,并组织船员使用围油栏等设备控制并消除海面的溢油。

4. 事故报告

船长应按照船上油污应急计划,将污染事故或排放情况向最近的沿海国报告,可在船上油污应急计划中查到沿海国联系人、港口联系人等的相关信息及联系方式。

第六节
客船保安及其应急资源的优化使用

客船上人员众多,一旦发生保安事件,后果不堪设想,船员应严格遵守规则,结合船舶保安计划(Ship security plan)的要求,加强保安巡逻,保护好保安设备。

一、船舶保安设备

1. 船舶自动识别系统

船舶自动识别系统(Automatic Identification System, AIS)可以连续发送、接收并显示船舶的静态信息、动态信息和航次信息,能够有效地协助船舶跟踪和避让目标,也为船舶航行安全和航线管理提供了一项新型、有效的手段,因此也是船舶必不可少的保安设备。

2. 船舶保安警报系统

客船必须配备船舶保安警报系统(Ship Security Alert System, SSAS),以便在遭遇劫持或武装攻击时启动该系统,及时向主管当局发送船对岸保安警报。系统应至少包含两个启动点,其中一个在驾驶台,这些启动点都能向有关当局发送船舶保安警报,但不在船上拉响警报,也不向任何他船发送此类警报。

船舶保安警报系统应一直处于随时可以启动的状态,由船舶保安员(SSO)按规定和操作手册进行操作、保养、检查和测试。

3. 自动闯入探测装置

自动闯入探测装置(Intrusion detector)是自动感知危险情况发生的设备,通常安装在船上需要防范的场所,如限制区域,由传感器和前置信号处理器组成,可在保持连续值守和监控场所提供视觉或声响警报。

4. 闭路电视监控系统

闭路电视监控系统(Closed Circuit Television System, CCTV)是客船普遍采用的保安设备,通过遥控摄像机及其辅助设备,如镜头、云台等,直接观看被监视处所的一切情况。CCTV 可以和 SSAS 等其他安全技术防范体系联动运行,以增强防范能力。

5. 防爆保安检查设备

防爆保安检查设备用于探测爆炸装置、枪支弹药等危险、违禁物品,主要包括金属探测仪和 X 射线透视设备等。

二、客船保安

(一)船舶限制区域的设定和有效监控

以各种途径或方式登上船舶的犯罪分子或团伙,有可能在船上以各种手段制造恐怖犯罪事件。为确保船舶、船员和旅客的安全,最大限度地减少在船上发生的恐怖事件,《国际船舶和港口设施保安规则》(ISPS 规则)中明确要求船舶应确定限制区域(Restricted area)并制定防止擅自进入限制区域的措施。

1. 船舶限制区域

船舶限制区域包括但不限于：

（1）驾驶台、GMDSS 操作室；

（2）机舱、舵机间、应急发电机间、电瓶间、锚链舱；

（3）油漆间、物料间、饮料食品库、药品库；

（4）厨房、配餐间；

（5）淡水柜、淡水舱测量孔、空气管口；

（6）船员起居舱室；

（7）通风机间和空调机间、CO_2 间。

2. 保安操作及监控

上述限制区域应被认为是最容易受攻击区域，无人值守时应保持锁闭，上述区域如装有监控装置，有关人员应经常检查予以监控。许多船员认为在某些限制区域内有船员正在里面工作，门就可以不用上锁。其实，这种认识是有偏差的。因为对于限制区域的控制要达到防止未经授权的人员擅自闯入的目的，所以除非对于开启的通道有专门的人员进行防范，否则就应锁闭。

船舶的所有限制区域应清楚地标出文字，指明进入这些区域是受到限制的，擅自进入将违反保安规定，如图 5-6-1 所示。只有经船长许可的公司岸上人员、租船人和其他来访者才可进入限制区域。

图 5-6-1 限制区域标志

（二）对意图登船人员的有效监控

船舶需要监控的上船人员主要包括更换船员时的接班人员、船舶供应商、装卸货人员、理货人员、船舶检修人员、其他来访者、旅客等。

舷梯口的值班船员应确保未经身份识别和无合理理由的人员不得进入船舶，值班驾驶员应经常巡检船舶周围，特别是朝海的一舷，出现可疑情况应立即报告船长或船舶保安员，船长和船舶保安员应识别登船人员的身份，对可疑人员应采取必要的措施。

1. 对上船接班船员的身份识别

舷梯口的值班人员应查验接班船员所持有的船公司的调配指令；船长和船舶保安员除查验接班船员的调令外，还应查验其有效的身份证件并通过交谈以验证其身份的真实性。

2. 对来访者、物料供应商和检修人员的身份识别

舷梯口值班人员应对任何来访者予以登记并注明来访者的身份证号码、被访对象、事由、日期和时间等；不愿出示证明或不能证明其身份和（或）不能确认其来访目的的人员，应拒绝其登船。

3. 对货物、行李装卸人员的身份识别

船舶保安员和舷梯口值班船员拥有对进入船舶进行货物或行李装卸人员身份检查的权利；如有拒绝出示证明或不能证明自己身份的上述人员，值班船员应拒绝其登船。

4. 对登船旅客的检查

对客船而言，在意图登船的人员中旅客人数占的比例最大，并且有人员集中，留给检查人员检查时间短促的特点。对旅客的检查应在船旁码头上，旅客尚未登上船梯前进行。船舶的检查人员特别是船舶保安员或乘警，应根据所掌握的专业知识、技能及经验尽力识别出重点可疑旅客，在检查其所持船票的同时也要检查其随身携带的物品。检查工作应由两人进行，检查过程中应提高警惕，加强安全防范，做好自我保护。检查过程中如发现可疑情况，应暂时拒绝其登船并立即报告船长或船舶保安员，必要的话应与港方保安部门取得联系，以便采取更为主动的保安措施。

(三)船上发现可疑包裹或爆炸物的应对

1. 发现可疑的包裹或物件的应对

客船上如发现可疑的包裹或物件，船员不应简单地认定是旅客的遗失物，应采取下列措施：

(1)保护好现场，千万不要移动、触摸、摆弄或采用任何方式干扰可疑物，如有可疑的包裹或物件应立即报告船长或船舶保安员；

(2)不要向可疑物泼水或投掷任何物品；

(3)在可疑物附近不要使用无线电设备或手机，不要发出声响或振动；

(4)尽可能使用垫子或沙袋在可疑物周围堆放，但不要遮盖可疑物；

(5)如发现可疑物是爆炸物，则应想到在其附近可能有更多的爆炸物；

(6)拍照取证，记录并通知公司和有关当局；

(7)如确认船舶受到炸弹威胁，如有可能，应迅速驶向浅水区域；

(8)绝对禁止旅客围观或接近可疑物，必要时执行旅客、船员紧急撤离程序。

2. 接到炸弹威胁电话时的应对

(1)保持镇静，立即报告船长和船舶保安员；

(2)尽可能延长与电话威胁者的通话时间；

(3)如果电话是从船舶内部打来的，不要挂断电话；

(4)要求威胁者重复信息并尽可能记录其所讲的每一句话；

(5)注意判断威胁者的口音和讲话特点；

(6)努力区别可能有助于确定威胁者的身份或其位置的背景声响；

(7)船舶应启动应急程序，按船舶保安计划中的有关要求做好搜查全船的准备；

(8)在航行中，如有可能，应做好驶向浅水区的准备。

(四)恐怖分子劫持船员、旅客或船舶的应对措施

当前，国际社会对恐怖主义行为的打击力度不断加大，但恐怖事件仍在不断发生，海、陆、空交通工具是恐怖分子实施破坏或犯罪的主要目标。在交通工具上劫持人质或直接劫持交通工具是恐怖分子常用的手段。为确保船上人员、货物、货物运输单元、船舶物料和船舶免受保安事件的威胁，有关船舶制订了切实可行的船舶保安计划。船舶一旦发生保安事件,全体船员应在船长和船舶保安员的指导下,执行船舶保安计划中所制定的应急预案,做好应对工作。

船员或旅客被劫持,对客船而言是严重的保安事件。劫持者的过激行为和被劫持者的惊慌恐惧或喊叫,造成了紧张气氛,从而导致部分旅客情绪受到影响,在这种环境里可能有部分旅客的大脑受到严重的刺激而产生严重的异常心理反应和不规范的行为,他/她们的这种行为很容易感染其他旅客,造成旅客群体骚动,严重妨碍了船员的应急行动。因此,作为船员,应采取一切有效手段,减轻旅客的心理压力,维持好旅客的秩序,这是保证船舶和人员安全的重要前提。为此,船员主要应采取以下行动:

(1)船长应立即到驾驶台进行指挥。

(2)船舶保安员及其他负有保安责任的船员应及时赶到现场,船舶保安员为现场指挥,应调度有关船员协助客运部船员维护旅客秩序,稳定旅客情绪,尽快组织旅客离开现场并回到自己的客舱。旅客一旦回到客舱,客运部船员应继续做好安定人心的工作,绝不允许旅客再次离开。

(3)船员和被劫持人员务必保持清醒的头脑,沉着冷静,不要用过激的语言刺激劫持者。

(4)除生命受到明显威胁外,不要试图抵抗或谩骂劫持者,要极力稳定劫持者的情绪。

(5)利用可靠的通信工具与劫持者沟通,尽可能了解劫持者的意图,尽量提供合理的合作,努力与劫持者建立合理的关系,尽一切努力保证被劫持者的安全。

(6)船长、船舶保安员应及时启动船舶保安警报系统报警,并向公司报告遭劫持情况,以获得公司的指导或帮助。

(五)防范海盗的措施

(1)航经海盗活动区域,船长应注意收集防海盗中心发布的海盗活动信息,掌握海盗活动的最新情况。

(2)要认真执行船舶保安计划,针对航次特点对全体船员进行培训,制定具体的防海盗措施,适时组织船员进行防海盗演练。

(3)根据船舶保安计划,充分做好防海盗准备工作,如收妥缆绳,从内部锁紧生活区通往外部的门,安装足够指向海面的照明灯、船舷和船尾架设多根消防水带并在必要时向外喷射高压水柱等。

(4)保证雷达处于正常工作状态并连续搜索和观察,船长应根据具体情况决定 AIS 的关闭与启动。

(5)组织防海盗值班,至少两人一组并携带对讲机,船首或船尾的值班人员应提高警惕,加强观察,并隐蔽好自己,确保安全。

(6)航行中发现可疑小型船舶尾随或靠近本船时,值班驾驶员应立即报告船长并主动避开,防止小船靠近,为避免小船靠近,船舶可采用加速或变向等措施。如遇不明船舶要求本船停车检查,可不予理睬,同时应把情况电告公司。

(7)发现海盗登船或企图登船,应立即报警呼叫全体船员按船舶保安计划的应急程序行动。船员应维持好旅客秩序,不允许旅客乱跑、乱动。

(六)武装海盗登船后的措施

一旦海盗登船,船方必须采取正确的应对措施,最大限度地保证人员和船舶的安全。

(1)船员和旅客应立即撤至生活区、客舱或其他坚固的安全处所。

(2)锁闭驾驶台、机舱、舵机间和生活区。

(3)启动船舶保安警报系统,发送船对岸警报,驾驶员应利用通信设备报警求救。

(4)对登船的海盗人数和威胁进行评估,灵活组织船员对抗登船海盗,但应避免与海盗发生正面冲突,确保船员和旅客的生命安全,尽一切可能阻止海盗进入生活区及客区,争取营救时间。

第七节
应变演习的组织与实施

船舶在海上航行时,所处环境复杂多变,随时可能发生各种危及船舶和人命安全的事故。众多的海难,在令人惋惜的同时,也给我们一些警示。船员在海上遭遇事故时可能会慌乱、不知所措,因而错失逃生时机。为了确保船员具备在紧急情况下开展自救及互救的必要知识和技能,维持戒备状态,充分发挥人力资源和物质资源的作用,船上平时应严格按照公约、法规,以及公司安全管理体系的相关要求做好应变演习。

一、应变演习的目的和作用

船舶发生应急情况时,外来援助只能作为一种补充手段,有时可能并不十分有效,因此船舶必须立足自救,采取船舶的应急处置措施。成功的应急依赖训练有素的船员、完善的应急设施和器材、切实可行的应急预案、正确的指挥和良好的群体协作。这就要求船员对船上应急设备、器材进行日常的维护、保养和检查,使之处于齐备和良好的技术状态,以便随时可用。同时,船员应熟悉并掌握应变知识,精通各自的应变职责,能够熟练地操作指定的系统,使用相应设备和器材,以至在必要时能顶替他人进行应急操作。要提高船员的应变技能,最好的办法就是通过平时逼真的演习来得以实现。

同时,通过应变演习,能及时发现人员和应急设备、器材方面的缺陷并及时予以纠正,还能起到警示教育作用,更好地树立保护船舶、自身生命和财产安全的意识。

从一些案例分析可以看出,应变失败的主要原因是对应变演习认识不足,平时缺乏演习或对演习采取敷衍了事的态度,面对险情处理不当,应急时整体配合混乱,丧失自救最佳时机,使事件恶化而最终酿成灾难性事故。因此,每名船员必须重视应变演习,充分意识到船舶定期举行应变演习是贯彻 SOLAS 公约和其他相关法规的具体行动,是船舶、人员、货物安全的重要保证,是贯彻船舶安全管理规定、提高安全管理水平的一项重要工作内容。应变演习是检验船舶安全管理工作好坏、应变意识强弱、应变实际能力高低,以及实际应变组织工作是否合理的重要标准。

二、应变演习的内容要求

客船应当按照公约、法规及公司的相关规定,制订适合本船的应变演习计划。一般每年由大副和轮机长具体商定,按船长指示制订出应变演习计划,经船长批准后在全船公布,全体船员应坚决贯彻执行。

1. 弃船演习的内容要求

每次弃船演习应包括:

(1)使用报警系统,然后通过公共广播或其他通信系统宣布进行演习,召集旅客和船员至集合地点,确保他/她们知道弃船命令;

(2)向集合点汇报,准备执行应变部署表所述的任务;

(3)查看旅客和船员穿着是否合适;

(4)查看旅客和船员是否正确地穿好救生衣;

(5)完成降落准备工作后,至少降下一艘救生艇;

(6)启动并操作救生艇发动机;

(7)操作降落救生筏所用的吊筏架;

(8)模拟搜救几位被困于客舱中的旅客;

(9)介绍无线电救生设备的使用方法。

不同救生艇在相继的演习中应轮流降放,每艘救生艇应在弃船演习中每三个月至少有一次乘载指定的船员降落下水,并在水上进行操纵。在每次弃船演习时,应测试用于集合和弃船的应急照明系统。

如果船上配有海上撤离系统,弃船演习应包括对该系统布放所要求的程序,演练至即将实际布放这一系统的程度,并使用船上培训教具按正规规程予以强化(配有海上撤离系统的每艘船舶应设有用于该系统的船上培训教具)。此外,该系统的每一成员还应尽实际可能,通过在船上或岸上参加类似系统在水中的全面布放而受到进一步的培训,参加的间隔期最好不超过2年,至多不超过3年。鉴于公约要求每一海上撤离系统应以主管机关同意的间隔期从船上轮流布放,但每个系统每六年至少布放一次,因此,上述培训可同该系统的布放结合起来进行。

2. 消防演习的内容要求

每次消防演习应包括:

(1)向集合站报到,并准备执行应变部署表所述的任务;

(2)启动一个消防泵,要求至少射出两股水柱,以表明该系统处于正常的工作状态;

(3)检查消防员装备和其他个人救助设备;

(4)检查有关的通信设备;

(5)检查演习区域内的水密门、防火门和挡火闸,以及通风系统主要进、出口的工作情况;

(6)检查供随后弃船用的必要装置。

客船消防演习还应充分考虑到通知旅客及旅客向集合站和登乘甲板的移动。

三、应变演习的实施和部署

1. 实施和部署应变演习的基本要求

（1）演习应按实际紧急情况进行，确保每位船员熟悉服务船舶的应变职责，应变要求，旅客紧急疏散程序，以及船舶消防、救生等设备设施。

（2）船长及各部门长、各级指挥人员，应熟悉相应的应变指挥业务，具备实际指挥能力，胜任有效组织船员和指导船员进行应变演习的工作。

（3）演习中使用过的设备设施应立即恢复完好的操作状况，演习中发现的任何故障和缺陷，应尽快予以消除。

2. 组织逼真的演习以维持戒备状态的建议

（1）应变演习应结合本船营运过程中的实际需要进行，并尽量邀请旅客参与演习。

（2）应变演习可单项进行，但不能以此取代综合应变或弃船演习；无风浪的白天，在气温适当的条件下易于实施应变演习，但不能以此代替有风浪、黑夜、高温或低温天气条件下的应变演习。

（3）每次演习的具体方案可由不同的高级船员制定，并进行协调和讲评；必要时，可向更高职位的人员寻求建议。

（4）实施演习时，可以让"副手"代替关键人物，在战略位置安排观察员，观察演习的实施情况。

3. 应变演习记录

各次应变演习应翔实地记入航海日志，内容包括演习的日期、位置，演习的内容细节，放出和降下救生艇所用的时间，艇筏及其属具的技术状况，消防设备及消防用品，堵漏设备及堵漏工具的情况。

四、应变演习的效果评估

每次应变演习完毕后应进行认真总结，从优点和缺点两方面总结评估，并提出需要进一步加强的地方。

1. 应变演习效果评估的内容

（1）应变意识方面

对船员应变意识的评估既要着眼于全体船员，也要着重在船长、高级船员及各级指挥人员身上。

（2）应变部署方面

应变部署的实施依据是应变部署表，因此，对应变部署的评估应涉及应变部署表的编制质量。

（3）应急物质资源方面

应变应有一定的物质基础，各种应急设备、设施、装置、用品及工具应保持随时可用的良好技术状态，在应变演习的评估中应占有重要地位。

（4）应变的逼真程度

应变演习的目的是实际应变，绝不是也不应该是做样子，搞花架子，因此应变的逼真程度是评估重点。

2. 其他注意事项

（1）演习效果评估时，应鼓励船员讨论演习所模拟事故发展的各种可能性及应采取的相应行动。

（2）观察员应听取全体船员的报告，并就其在特定区域内采取的行动进行讲评。

（3）高级船员在总结之后，可以和一些普通船员进行单独交流，找出演习中的不足、不当之处；不正确的操作应重新进行，直至达到基本训练的目的。

（4）演习讨论与总结时，应结合其他滚装客船事故案例，讨论、分析并总结应从中吸取的教训。

第六章
应急反应控制和人的行为

　　船舶一旦临近事故状态或进入事故状态，就必须紧急抢救，进入全船应急反应阶段。由于外界紧急环境的刺激、个体素质差异等因素，船员和旅客会产生各种不同的心理反应和行为反应，这些反应既有积极的，也有消极的。完善的应急计划、充足的应急资源、训练有素的应急队伍，有利于船员和旅客产生更多积极的应急反应，使应急程序得以顺利实施；混乱的环境、无序的逃生秩序，会使船员和旅客更为惶恐，出现消极甚至极端的应急反应。船长和各级指挥人员在进行决策、组织应急时，需关注船员和旅客的行为和心理反应，并进行科学的引导，减轻其精神和心理压力，减少不必要的恐慌，使旅客秩序获得有效的维持。

第一节
应急反应控制

一、紧急状态时领导和引导其他人员的方法

　　船舶的应急情况往往是复杂多变的，因此，船长和各级指挥人员应在应急计划的基础上，根据事态变化灵活指挥，并确保相关指令得以执行。为实现这一点，船长和各级指挥

人员除了应在日常工作中建立自己的领导权威,使其能力被其他人员所承认以外,紧急状态时,还应从以下几个方面领导和引导其他人员:

(1)紧急状态下,按照应急计划到达指挥位置,为其他人员树立榜样;

(2)对局面做出正确的判断、评估后,立即实施控制;

(3)保持沉着、冷静,有条不紊地进行指挥;

(4)根据事态的发展,果断地进行决策;

(5)指挥时,充分考虑小组成员和其他人员的安全,获得小组中其他成员的尊重和信赖。

二、决策的关键环节

应急决策是指在突发事件情境下对事态进行研判进而采取应急处置措施的过程性活动。应急决策是应急管理的核心,不同的决策行为往往会产生不同的决策效果。应急决策是一种非程序化决策,具有紧急性、主观性、有限性、渐进性和时效性等特点。船舶发生紧急情况后,船长和各级指挥人员应迅速制定应急决策,制定时应主要从以下几个方面考虑:

(1)聆听从现场人员处收集的情况信息和意见;

(2)对紧急情况的局面进行评估、分析,确保决策是基于事实,而非个人的主观臆断;

(3)根据应急计划和局面的实际发展,分派应急任务,制定应急措施;

(4)原则上按照应急计划分配应急人员和设备,并考虑对外求援,以获得外部应急人员和设备;

(5)根据事态的发展,如有需要,对应急计划进行及时的调整和重新部署;

(6)各级指挥人员应具有果断决策的领导风格;

(7)重视集体决策的优势,但也应意识到,在危急时刻征求意见可能不合时宜或会丧失宝贵的应急救援时间。

三、紧急情况下的紧张情绪及其影响

1.识别旅客和应急小组成员紧张情绪的变化

当人处在危险的、紧张的或出乎意料的外界环境时,人脑会意识到所发生的变化,人的情绪也会随之发生变化,即应激,或称为压力、紧张等。应激时,内脏器官会发生一系列变化。大脑中枢接受外界刺激后,信息传至下丘脑,分泌促肾上腺皮质激素释放因子,然后激发脑垂体分泌促肾上腺皮质激素,使身体处于充分动员的状态,心率、血压、体温、肌肉紧张度、代谢水平等都会发生显著变化,从而增加机体活动力量,以应付紧急情况,如图6-1-1所示。

个体对应激的反应有以下两种表现:

一种是活动抑制或完全紊乱,甚至发生感知记忆的错误,表现出不恰当的反应,如目瞪口呆、手忙脚乱、陷入窘境。

另一种是调动各种力量,活动积极,以应对紧急情况,如急中生智、行动敏捷、摆脱困境,在应激状态下,生化系统发生激烈变化,肾上腺素以及各腺体的分泌增加,身体活力增强,使整个身体处于充分动员状态,以应对意外的突变。

船长和各级指挥人员应注意观察,能够识别旅客和应急小组成员紧张情绪的变化,如心跳加速、呼吸频率增加、比正常情况下出汗量增加等,对于情绪反应异常的人员,应给予格外关注。

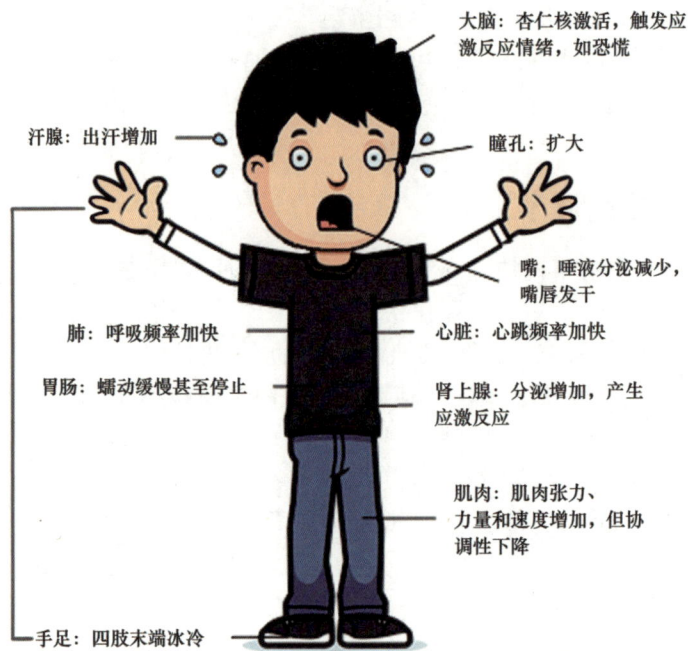

大脑:杏仁核激活,触发应激反应情绪,如恐慌

汗腺:出汗增加

瞳孔:扩大

嘴:唾液分泌减少,嘴唇发干

肺:呼吸频率加快

心脏:心跳频率加快

胃肠:蠕动缓慢甚至停止

肾上腺:分泌增加,产生应激反应

肌肉:肌肉张力、力量和速度增加,但协调性下降

手足:四肢末端冰冷

图 6-1-1　紧急情况下人体的应激反应

2. 明确紧张情绪对应急行动的影响

船长和各级指挥人员应明确,由于紧急情况而引起的紧张情绪能影响到旅客和应急小组成员的行为,也会影响他/她们对指令的执行和对程序的遵循能力,具体可能表现为下列情况:

(1)顾此失彼,往往仅仅关注局部而忽视全局,难以考虑周全;

(2)因心理紧张而导致精力分散,难以集中;

(3)过分依赖下意识行为而非现有的应急程序,对船员而言则体现为角色意识差,甚至完全不顾应急程序;

(4)一意孤行,忽视其他人员的积极建议;

(5)因精力分散而导致解决复杂问题的能力减弱;

(6)对其他的解决方案考虑甚少;

(7)在履行应急职责方面,可能承受不了因责任而带来的巨大压力,从而出现消极情绪,过分地授权或推脱给下级船员,成员间疏于联络,甚至完全失控、自顾逃命等。

四、激励、鼓励和安抚旅客和其他人员

面对突发的紧急状况,船长和各级指挥人员应激励、鼓励和安抚旅客和其他人员,激发他/她们的潜力,引导其积极的应激反应,从而领导、指挥和组织他/她们遵循应急程序,进行自救。具体做法至少应包括:

（1）调动情绪，激发旅客和其他人员积极的应激反应；

（2）展现应急团队的集体力量，对需要帮助的人及时给予应急支援；

（3）应急指挥和应急行动，应充满热情和干劲，展示出能力和活力，以感染和影响旅客与其他人员；

（4）及时与旅客进行有效的沟通，始终向其传达事态基本的、真实的进展情况；

（5）应急指挥、行动及与旅客进行沟通过程中，始终表现得积极、自信、主动。

第二节
紧急状态下人的异常心理和行为管理

一般来讲，旅客了解船舶处于紧急状态的途径主要有两种：一种是通过旅客与旅客之间的语言交流来了解，或者是旅客自己猜测的；另一种是通过船员来了解，或者通过船员向旅客发布的应急广播、应急告知等来了解。普通旅客没有受过正规的应急训练，当突然了解到自己已处于相当危险的环境时，许多人并不情愿接受这一残酷的现实，瞬间的打击可能使部分旅客的大脑出现空白，失去思维能力，处于呆滞状态；有的甚至丧失理性，从而出现慌乱和异常的行为。让旅客接受现实，通常需要一个过程。在紧急状态下，船员的主要任务是，尽量减弱旅客的恐慌程度，具体的做法是让旅客通过船员了解整个情况，因为这样旅客的恐慌程度要远小于通过其他途径了解时的恐慌程度。

一、紧急状态下旅客的心理反应

如前文所述，个体对应激的反应包括积极和消极两个方面，对于普通旅客而言，消极反应往往更多一些，因此可能出现下列心理反应。

1. 难以立刻意识到紧急情况

旅客登船后，个别旅客忽视船舶的安全通知、应变须知等信息，未对船舶环境进行熟悉，一旦发生紧急情况，对各种警报和应急广播感到陌生；有的旅客从心理上不愿意接受这一事实，不相信大难即将临头，对危险的迹象难以置信。

2. 恐慌、悲观、绝望

当旅客认为自己不可能在这种危险的状态下生存，不相信客船上的救生设备和应变部署，特别是当眼前出现将要弃船的混乱局面时，他/她可能会出现恐慌、悲观、绝望的非正常心理状态。如果旅客与家人分离或失散，所引起的恐慌情绪也是相当突出和明显的，通常表现为心里的极度不安、四处张望或急于寻找。

3. 自暴自弃

个别意志薄弱的旅客，经受不住突如其来的打击，行为、举止可能会表现为自暴自弃、不听从指挥、破坏纪律、缺乏理性。而无组织、无纪律又是妨碍正常弃船行动的最大障碍。

4. 幻觉

所谓幻觉，是一种没有感观印象的感觉。如"看见"根本就不存在的图像和情况，或者"听到"根本就没有人讲过的话。在某些特殊情况下，如精疲力竭、长久不眠、持续饥饿等,都可能引发幻觉;同时持久的情绪激动、过分的惊恐和盼望等,也是引发幻觉的因素。所以遇险者产生幻觉是极为常见的事。

二、紧急状态下旅客的行为反应

了解旅客在紧急情况下的行为反应,才能使我们对旅客的危机管理做到有的放矢,防患于未然。

1. 反应能力受限,对指令失去敏感

旅客刚发现危险时,可能担心对潜在危险做出反应会被其他人视为愚蠢,遭到其他人的嘲笑,或担心引起恐慌而不愿意发出警报;听到警报后,往往待在原地试图确认警报的正确性,或执意地想要"证实"危险是不存在的,而并非立即撤离。部分旅客会下意识地立即采取行动,不顾他人而自行逃生;个别旅客在陌生的环境中专注于逃生,而忽视指令或广播的信息。

2. 寻找亲人或物品

客船的设计比较复杂,同行的旅客不一定总是在一起,有的也未必居住在同一客舱内;家庭成员可能因为兴趣不同,而分散在娱乐区、游戏区、酒吧、电影院等场所;携带儿童的旅客,通常认为登船后处于安全的空间且船员们训练有素,因此放心地让儿童在专门的场所玩耍。总之,家庭成员或同行人员可能分散在全船的各个位置。一旦紧急情况发生,这些旅客必定急于寻找他/她们的亲属、朋友或物品,这种行为在情理之中却对危机管理有极大的妨碍。

3. 盲目逃生

个别旅客因为心理上受到打击,失去理智、不听指挥、破坏纪律,如在船舱或其他地点寻找自以为安全的地方;或在船舶倾斜时,只顾向较高的一舷跑;到处乱跑,慌不择路,并大喊大叫等。

三、紧急状态下,心理和行为的危机管理

紧急状态下减轻旅客的心理压力,避免处在非正常状态下的旅客按自己的意志做想做的事,是维持好撤离秩序的关键。

1. 减轻心理压力

发生紧急情况时,周围的人为环境往往是增加旅客心理压力的重要因素,如逃生准备时的大声喊叫、在逃生通道内互相拥挤等都会增加旅客的心理压力。如前文所述,船长和各级指挥人员应采取措施,鼓励和安抚旅客和其他人员,以减轻其心理压力。方法包括:

(1)广播或口语安慰

通过广播或口语安慰处于危难之中的旅客,告诉他/她们一定会转危为安;促进旅客与旅客之间的互相帮助、互通信息,使其相信船上的救生能力,坚定获救信心。

(2)给予及时的帮助

一部分旅客在紧急状况发生时,他/她们的领会能力会有不同程度的减弱,不能做出正常的反应。这时需要船员的及时帮助,减轻他/她们的心理负担,使其尽快恢复正常的心理反应。

2. 对旅客的行为管理

当船舶发生紧急状况,尤其是在弃船时,时间及空间是相当有限的,对旅客的行为要求就要区别于平时的一般情况。

(1)拒绝盲目寻找亲属

在一定的范围内,如范围极小,不涉及"隔层、隔段"寻找尚可,否则不允许寻找。因为他/她们处于同样的状态之中,大范围地寻找亲属容易导致秩序混乱,其目的也不一定能达到。因此,船员应给予安慰,使其理解撤离到集合地点后会与亲人会合,并使用通信设备通知其他船员帮助寻找。

(2)禁止携带随身物品(重大件)

除钱币、有价证券、重要文件、贵重物品,其余物品不准携带。过大、过重的物品搬运不便,容易阻塞通道,而且救生艇或救生筏的空间是很有限的。

(3)不准独自行动

对于乱跑、乱动,独自盲目逃生的旅客要坚决制止。他/她们的行动会带来不安定因素,其目的也不一定会达到。一旦旅客到达集合地点,则不允许其离开。对于不听指挥,严重破坏撤离秩序的个别旅客,必要时可采取强制措施。

(4)搜索旅客舱室

必须搜索所有的舱室、公共场所和其他区域,以确保全体人员到集合点的撤离已经完成。

(5)指定具体船员安抚旅客

应指定具体船员负责与旅客沟通,安抚旅客,使其保持镇静,并向其解释船舶的相关应急程序以及旅客的错误行为,比如某些旅客盲目往船舶较高的一舷移动,可能遇到较高一舷的部分救生艇筏无法施放的情况等。

第七章
客船稳性、吃水差和强度

适用范围：T063。

大量的客船翻覆和沉没事故都是由于稳性和抗沉性，因此公约和规范对于客船的稳性、吃水差等方面都有严格的要求。对于客货船，尤其是滚装客船，在车货的积载、装卸和运输过程中，应特别注意船舶和货物安全，因此，船舶驾驶与管理人员，以及负责货物装卸和系固的人员，需要具备船舶稳性、吃水差和强度等方面的知识。

第一节
客船的稳性

一、稳性概述

(一)稳性的基本概念

船舶在外力矩的作用下偏离其初始平衡位置而倾斜，船舶具有抵抗外力并当外力矩消失后船体能自动恢复到初始平衡状态的能力，称为稳性(Stability)。

为保证船舶营运安全，船舶必须具有适当的稳性，以抵御船舶在装卸、靠泊及航行中所受到的外力矩，而不致倾覆。

(二)船舶的平衡状态

造成船舶离开原来平衡位置的是倾斜力矩，产生的原因包括风和浪的作用，船上货物的移动,旅客和货物集中于一舷,船舶回转等。使船舶回复到原来平衡位置的是复原力矩,其大小取决于排水量、重心和浮心的相对位置等因素。

船舶是否具有稳性,取决于倾斜后重力和浮力的位置关系,而排水量一定时,船舶浮心的变化规律是固定的。船舶漂浮在水面上,其重心为 G,在初始位置时的浮心为 B,在外力矩作用下发生倾斜后,水线下排水体积的几何形状发生变化,浮心移至 B_1,倾斜前后浮力作用线相交于稳心 M 点,在外力矩消失后,船舶能否回复到初始平衡位置,取决于它处于何种平衡状态。

1. 稳定平衡

G 在 M 之下,倾斜后重力和浮力形成稳性力矩,如图 7-1-1(a)所示,在此力矩作用下,船舶将回复到初始平衡位置。

2. 不稳定平衡

G 在 M 之上,倾斜后重力和浮力形成倾覆力矩,如图 7-1-1(b)所示,在此力矩作用下,船舶将继续倾斜。

3. 随遇平衡

G 与 M 重合,倾斜后重力和浮力作用在同一垂线上,不产生力矩,如图 7-1-1(c)所示,因此船舶不能回复至初始平衡位置。

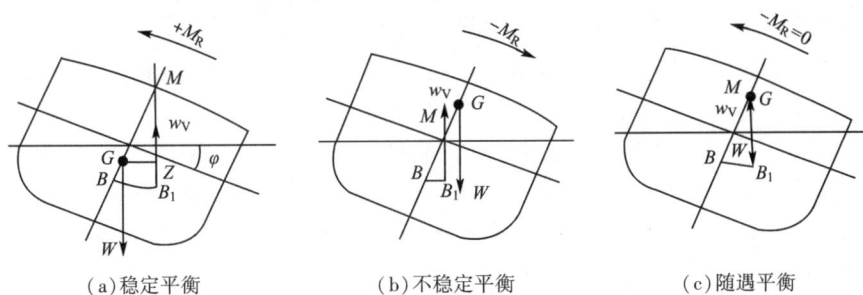

(a)稳定平衡　　　　　　　(b)不稳定平衡　　　　　　　(c)随遇平衡

图 7-1-1　船舶的平衡状态

(三)稳性的分类

按不同的分类依据,船舶稳性通常可按照表 7-1-1 进行分类。

表 7-1-1　船舶稳性的分类

分类依据	稳性类型	备注
船舶倾斜方向	横稳性	船舶横倾
	纵稳性	船舶纵倾
船舶倾角大小	初稳性	倾斜角小于 10°~15°
	大倾角稳性	倾斜角大于 10°~15°
作用力矩性质	静稳性	不计船舶倾斜过程中的加速度和惯性矩
	动稳性	计及船舶倾斜过程中的加速度和惯性矩
船舱是否进水	完整稳性	船体完整
	破舱稳性	船体破舱进水

(四)稳性大小和船舶航行的关系

稳性过大,船舶摇摆剧烈,造成人员不适、航海仪器使用不便、船体结构容易受损、舱内货物容易移位,以致危及船舶安全。

稳性过小,船舶抗倾覆能力较差,容易出现较大的倾角,回复缓慢,船舶长时间在水面上处于倾斜状态,对航行不利。

(五)滚装客船稳性的特别注意事项

滚装客船由于舱容利用率一般较低,同时由于码头及其他要求的限制,一般来说,与同吨位的其他类型船舶相比,吃水较浅。另外,由于车辆净高、货箱、铲车作业高度,以及为排放舱内废气而富余的空间等原因,滚装客船的型深设计比较大,这样会导致船舶重心可能较高。为保证航行和装卸的安全,必须使船舶具有一定的初稳性高度。

对于滚装客船来说,仅注意稳性下限值是不行的,在整个航行过程中,要避免出现过高的初稳性值,以免横摇周期过短及大的横向加速度,使旅客晕船或发生车辆、货物的移动,以致加剧横倾而造成船舶危险。

滚装客船水平方向装卸货物,必然需要把剩余在上甲板上的货物从中间甲板向下运输,如果有下层舱,有时还需要将货物在更下层舱与上层舱之间移动。因而在装卸中特别是在货物上下运输时,重心移动频繁,其重心的移动从稳性安全的角度来说,没有传统的运输船那样安全。另外,由于车辆的自行装卸速度极快,前后、左右方向重心频繁移动使船的浮态难以控制。这便要求装卸和驾驶人员须采取比较周密的措施,还必须注意到滚装客船的特征,特别是纵倾与稳性突然恶化的关系。

此外,尾开门的滚装客船较多,对于这种船型,卸货当然是从尾部开始的,由于压载水的输送能力有限,在卸货开始阶段势必形成首倾。由于希望得到较大的尾甲板面积和尾开口面积,滚装客船的尾部型线在满载水线以上迅速外飘。而为了能容纳大直径的螺旋桨,需要把满载水线以下的船体部分挖掉一大块。这样,一旦首倾便会使船尾抬起,船尾处的水线面积显著减小,而滚装客船首部型线一般较窄,所以船首处的水线面积又没有显著增大,致使稳性迅速恶化。

滚装客船有横向分割较少的纵向统舱及多层甲板,进水后必将产生这样的后果:"水无阻碍地向船舱冲去,并通过没有关闭设备的风管向其他舱流去。"舱内的水形成很大的自由液面,使船迅速完全丧失稳性而倾覆,沉没时间之短促,甚至连给船员逃生的时间都没有。因此,对于进水后产生的自由液面,滚装客船船员应给予高度的重视和防范。

二、客船应满足的稳性要求

(一)IMO 对船舶稳性的要求

1. IMO 完整稳性衡准

船舶在核算装载状态下,经自由液面修正后:

(1)初稳性高度 GM 应不小于 0.15 m。

(2)对大倾角稳性要求,应满足:

横倾角在 0°至 30°,静稳性曲线下面积应不小于 0.055 m·rad;

横倾角在 0°至 40°或进水角中较小者之间,静稳性曲线下面积不小于 0.090 m·rad;

横倾角在 30° 至 40° 或进水角中较小者之间,静稳性曲线下面积应不小于 0.030 m·rad;

(3)横倾角等于或大于 30°处的复原力臂不小于 0.20 m;

(4)最大复原力臂对应角最好大于 30°,但不小于 25°。

2. 天气衡准

对船长 $L \geqslant 24$ m 的船舶在各种装载状态下,抵抗横风和横摇联合作用的能力的要求是:如图 7-1-2 所示,静稳性曲线下的面积应满足 $b \geqslant a$。

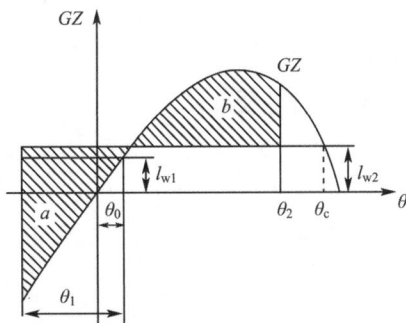

图 7-1-2　IMO 天气衡准

(二)我国对船舶稳性的要求

我国海事主管机关发布的《船舶与海上设施法定检验规则》要求,国际航行船舶应满足 IMO 对稳性的要求,对国内航行船舶,在核算装载状态下,经自由液面修正后必须同时满足下列要求:

(1)初稳性高度 GM 应不小于 0.15 m。

(2)对大倾角稳性要求,应满足:

横倾角在等于或大于 30°时,静稳性力臂应不小于 0.20 m,若进水角小于 30°,则进水角处的静稳性力臂应不小于该值。

最大横稳性力臂对应横倾角应不小于 25°,且进水角应不小于最大静稳性力臂对应的横倾角。

(3)对动稳性的衡准,稳性衡准数应在各种装载情况下不小于 1。

(三)关于客船完整稳性的特殊衡准

IMO 和我国海事主管机关均提出客船完整稳性的特殊衡准要求。两者要求基本相似,本书采用 IMO 的要求,即对于客船,如下定义的乘客集中在一舷时所产生的横倾角不应超过 10°:

(1)应假设每位乘客的最低重量为 75 kg,但若经过主管机关批准,此值可以适当增加。此外,行李重量和分布应经主管机关批准。

(2)乘客的重心高度应假设等于:

①站立的乘客,在甲板水平上 1 m。如必要可计入甲板的梁拱和舷弧。及

②坐着的乘客,在座位以上 0.3 m。

(3)判定是否符合(1)中的衡准时,应假定乘客和行李位于其通常可自行安排的处所。

此外,在利用下列公式计算时,回转产生的横倾角应不超过10°:

$$M_R = 0.200 \cdot \frac{v_0^2}{L_{WL}} \Delta \cdot \left(KG - \frac{d}{2}\right) \tag{7-1-1}$$

式中：M_R——倾侧力矩(kN·m)；

      v_0——营运航速(m/s)；

      L_{WL}——水线处船长(m)；

      Δ——排水量(t)；

      d——平均吃水(m)；

      KG——重心在基线以上的高度(m)。

(四)对客船分舱与破舱稳性的特殊要求

客船应满足 SOLAS 公约对客船的分舱和破舱稳性的要求。船舶分舱是指将船舶沿船长方向进行水密分隔,使水密横舱壁的设置满足 SOLAS 公约对破舱后纵向浮态的抗沉性要求。分舱的程度应视船舶的分舱长度(L_s)与用途而变化,客船分舱长度愈大,则其分舱程度愈高。

1. 纵向浮态衡准

对于破舱进水纵向浮态的衡准,按公约和规范的要求,应满足下列条件:

$$l \leq l_A = F \times l_F \tag{7-1-2}$$

式中：l——任一舱的舱长,即两相邻实际水密舱壁的间距；

      l_A——许可舱长(Allowable booth length),即允许的两水密横舱壁的间距；

      l_F——可浸长度(Floodable length),即两水密横舱壁的极限间距；

      F——分舱因数(Factor of division),由舱长和业务衡准数 C_s 决定。

对于一舱制船舶,$0.5 < F \leq 1.0$。这类船舶当其任一舱破舱进水后将不致沉没。显然,同是一舱制船舶,由于其 F 值大小不同,破舱后其保持的剩余干舷规定不同,即其安全程度不同。对于 F 值较小的船,破舱后下沉和纵倾将较小,即较安全。

对于二舱制船舶,$0.33 < F \leq 0.5$。这类船舶当其任相邻两舱破舱进水后将不致沉没。

对于三舱制船舶,$0.25 < F \leq 0.33$。这类船舶当其任相邻三舱破舱进水后将不致沉没。

2. 横向浮态衡准

(1)横向对称进水破舱稳性衡准

对于横向对称进水破舱稳性衡准,公约和规范规定:船舶沿船长实际任一,相邻二、三舱(分别对应于一、二、三舱制船舶)破舱进水时,其进水后的最终平衡状态,经采取平衡措施后,用固定排水量法(浮力损失法)求得的破舱初稳性高度应满足:$GM \geq 0.05$ m。

(2)横向不对称进水横向浮态衡准

对于横向不对称进水横向浮态衡准,公约和规范规定:船舶沿船长实际任一,相邻二、三舱(分别对应于一、二、三舱制船舶)破舱进水时,经采取平衡措施后,其不对称进水引起的总横倾角 θ 应满足下列条件:$\theta \leq 7°$；并且在任何情况下,船舶进水的终了阶段不得淹没限界线,即总横倾角 θ 不大于淹没限界线时的横倾角。

三、稳性核算

(一)稳性资料的使用

每艘船都应配备一份经主管机关认可的装载与稳性手册(或稳性报告书),以方便船舶可以以快速、简捷的方法获得船舶在各种状态下稳性的精确指南。

装载与稳性手册的格式及所含的资料应根据不同船型和操作而定,通常至少包括以下信息:

(1)船舶概述。

(2)该手册的使用说明。

(3)标明水密舱室、关闭装置、空气管、出口、进水角、永久性压载、许用甲板载荷及干舷图的总布置图。

(4)静水力曲线图或表,以及稳性横截曲线图。

(5)标明每一货物装载处所的容积和重心的舱容图或舱容表。

(6)标明每一液舱的容积、重心和自由液面数据的液舱测深表。

(7)有关装载限制的资料,如能用于确定符合适用的稳性衡准的最大 KG 或最小 GM 曲线或表。

(8)标准装载情况和用该稳性手册中的资料计算其他可接受的装载情况的实例。

(9)包含假设在内的稳性计算的简介。

(10)防止意外进水的一般措施。

(11)有关使用任何特设横贯浸水装置的资料,并附有对可要求横贯浸水的破损状态的说明。

(12)船舶在正常和应急情况下安全航行所必需的任何其他指南。

(13)各手册的目录和索引表。

(14)船舶倾斜试验报告和空船测量报告。

1999 年 5 月,IMO 海上安全委员会第七十一届会议通过了装载与稳性手册范本(MSC/Circ. 920),该范本采用了统一的格式和经权威部门认可的术语、缩写和符号编制,以方便船员使用。

(二)稳性核算

在船舶装载完毕和离港之前,船长应确定船舶的纵倾和稳性,并应查明和记录该船是否符合有关规则的稳性衡准。船舶的稳性均应始终通过计算得出。主管机关可接受采用电子装载仪和稳性计算机或与此等效的设施的计算结果。

通常,船舶驾驶和管理人员可根据装载与稳性手册(或稳性报告书)中提供的数据进行文献核算。在实际工作中,为了便于船舶驾驶和管理人员核算船舶实际运用中的稳性,船舶设计单位通常提供该船的临界稳性高度曲线或极限重心高度曲线。

1. 临界稳性高度曲线

所谓临界稳性高度(GM_C),亦称最小许用初稳性高度,是指同时满足船舶稳性衡准指标时对初稳性高度 GM 的下限限制值(最低值)。该值随船舶排水量(或吃水)的变化而变化。临界稳性高度曲线图即为反映临界稳性高度和排水量的关系的曲线图。图

7-1-3 为某滚装客船临界稳性高度曲线图。

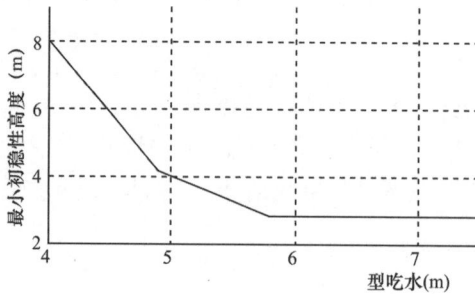

图 7-1-3　某滚装客船临界稳性高度曲线图

2. 极限重心高度曲线

极限重心高度(KG_C),也称许用重心高度,是指同时满足稳性基本衡准指标时对船舶重心高度的上限限制值(最高值),其值亦随排水量的变化而变化。反映极限重心高度和排水量的关系曲线称为极限重心高度曲线,如图 7-1-4 所示。

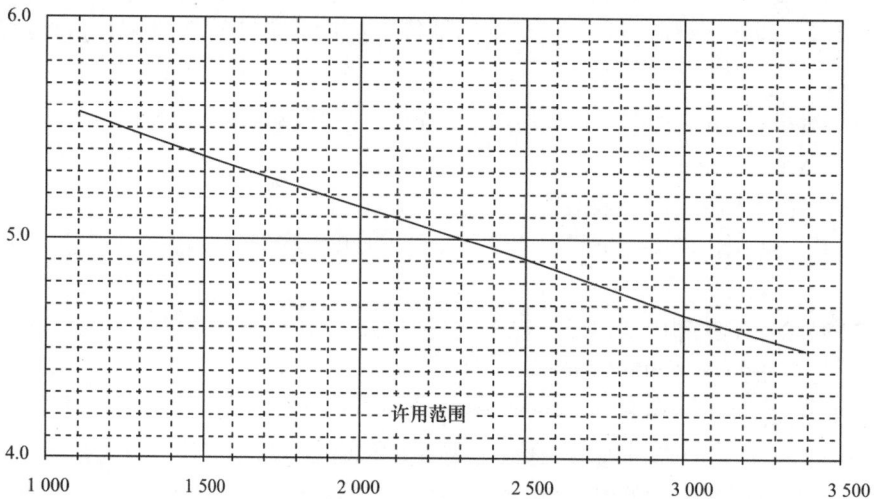

图 7-1-4　某滚装客船极限重心高度曲线图

当船舶实际装载方案的初稳性高度不小于该状态下的临界高度稳性值,即经自由液面修正后的 GM 值满足

$$GM \geqslant GM_C \qquad (7\text{-}1\text{-}3)$$

或者,实际装载方案的船舶重心高度如果不超过查得的极限重心高度值,即 KG 值满足

$$KG \leqslant KG_C \qquad (7\text{-}1\text{-}4)$$

说明此时船舶的稳性已经满足规范规定的衡准指标。

3. 最大初稳性高度值

当然,如前文所述,滚装客船除关注稳性下限外,还应避免稳性过大。船舶最大初稳性高度值应根据船舶的横摇周期进行确定,通常认为船舶自由横摇周期不应小于 9 s,因此可取船舶自由横摇周期为 9 s 时的 GM 值作为最大初稳性高度值。有观点认为,横摇周期为 15 s 左右时对应的 GM 值较为适宜。

四、调驳压载水和燃油对稳性的影响

压载水和燃油的调驳,可能导致船舶载荷移动或重量增减,船舶重心 G 和稳心 M 的位置可能发生变化,对船舶稳性产生影响。

(一)载荷移动

1. 载荷水平移动

船内载荷(如油、水)水平横移会产生横倾力矩,从而导致船舶产生横倾角。如图 7-1-5 所示,如重量为 p 的船内载荷从 q_1 水平横移至 q_2 处,其水平横移距离为 y,则横倾角 θ 的计算方法为:

$$\tan\theta = \frac{p \cdot y}{\Delta \cdot GM} \tag{7-1-5}$$

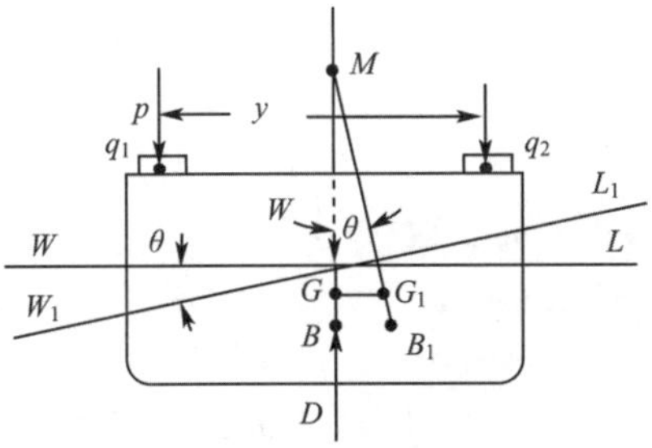

图 7-1-5 载荷水平移动

2. 载荷垂向移动

船内载荷垂向横移会产生横倾力矩,引起船舶重心的垂向变化,从而导致 GM 值的变化。如图 7-1-6 所示,将重量为 p 的船内载荷从 g_1 垂直移至 g_2 处,垂向移动距离为 z,则初稳性高度的变化量为:

$$\delta GM = \mp \frac{p \cdot z}{\Delta} \tag{7-1-6}$$

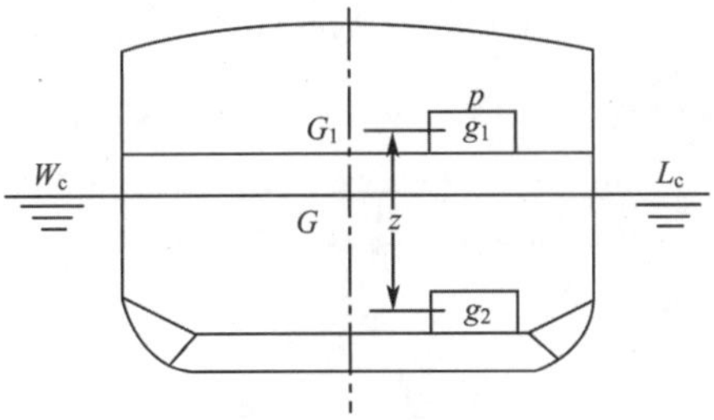

图 7-1-6 载荷垂向移动

(二)载荷增减

油水的补给与消耗、压载水的注入与排放等,会使船舶排水量发生变化,船舶重心 G 和稳性 M 的位置也随之变化,从而引起初稳性高度的变化。设 p_i 为重量增减量,z_i 为各重量的重心高度,则增减后船舶的重心高度 KG_1 为:

$$KG_1 = \frac{\Delta \cdot KG + \sum p_i z_i}{\Delta + \sum p_i} \tag{7-1-7}$$

式中:重量增加时,p 取正值,反之则取负值。

根据增减后的排水量查静水力资料可获得此时的 KM_1 值,则:

$$GM_1 = KM_1 - KG_1 \qquad (7\text{-}1\text{-}8)$$

第二节
客船的吃水差

一、吃水差概述

1. 吃水差的定义

船舶吃水差(Trim)是指首吃水(d_F)与尾吃水(d_A)的差值,用符号 t 表示,具体表示如下:

$$t = d_F - d_A \qquad (7\text{-}2\text{-}1)$$

当 $t>0$ 时,称为首倾(Trim by head);

当 $t=0$ 时,称为平吃水(Even keel);

当 $t<0$ 时,称为尾倾(Trim by stern)。

应当注意的是,有些国家将吃水差定义为尾吃水与首吃水的差值,这与我国定义的吃水差符号刚好相反。

2. 吃水差产生的原因

如果装载后,船舶中心纵向位置与正浮时船舶浮心纵向位置在同一垂线上,则船舶首、尾吃水相等,吃水差为零,船舶处于平吃水状态。

若装载后重心纵向位置与正浮状态的浮心纵向位置不在同一垂线上,则船舶将产生一个纵倾力矩,迫使船舶纵倾。随着船舶纵倾,水线下排水体积的形状发生变化,浮心也随之移动。当船倾斜至某一水线时,重心与纵倾后的浮心重新移动到与新水线垂直的垂线上,则船舶达到平衡,此时船舶的首、尾吃水不相同,从而产生吃水差,如图7-2-1所示。

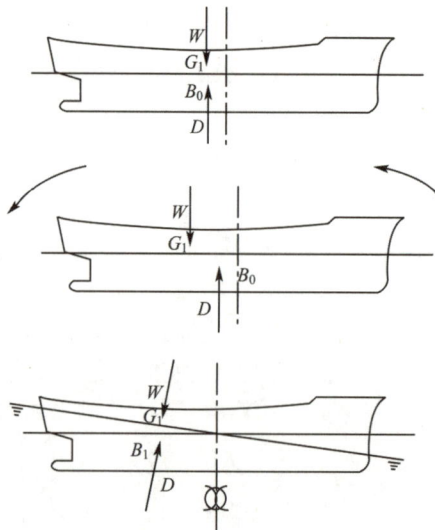

图 7-2-1　吃水差的产生

二、客船对吃水差的要求

船舶吃水差及吃水对操纵性、快速性、适航性与抗风浪性能都会产生一定的影响,具体如表 7-2-1 所示。

表 7-2-1　吃水差对船舶航海性能的影响

船舶状态	快速性影响	操纵性影响	耐波性等影响
首倾	轻载时螺旋桨沉深比下降,影响推进效率	轻载时舵叶可能露出水面,影响舵效	满载时船首容易上浪
过大尾倾	轻载时球鼻首露出水面过多,船舶阻力增大	水下转舵动力点后移,回转性变差	轻载时船首盲区增大,船首易遭海浪拍击

如前文所述,对于滚装客船,还需注意的是,首倾会导致其稳性恶化,应避免出现,还应考虑装卸期间跳板、升降机等滚装设备对船舶纵倾的要求。

一般情况下,客船在航行中为保证其航海性能,应保持适度尾倾。船舶开航前,尾吃水差适宜值与船舶大小、装载状况、航速等因素有关。各船具体情况不同,驾驶人员应根据本船实际状况确定适当尾吃水差值。船舶不同装载状况下若航速一定,存在某一纵倾状态使船舶航行阻力最小,因而所耗主机功率也最小,从而节省了燃料,该纵倾状态称为最佳纵倾。

三、吃水差的核算

1. 吃水差及首、尾吃水的计算

（1）吃水差的计算

客船吃水差计算公式如下:

$$t = \frac{\Delta(x_g - x_b)}{100 \cdot MTC} \tag{7-2-2}$$

式中:x_g——船舶重心纵坐标,即船舶重心距船中的距离(m),由全船纵向重量力矩与排水量的比值而得出;

x_b——船舶浮心纵坐标,即船舶正浮时浮心距船中的距离(m),根据装载后的排水量 Δ,可从静水力图表中查得。

（2）首、尾吃水的计算

如图 7-2-2 所示,首、尾吃水的计算方式如下:

$$\begin{cases} d_F = d_m + \dfrac{\dfrac{L_{BP}}{2} - x_F}{L_{BP}} \times t \\[4mm] d_A = d_m - \dfrac{\dfrac{L_{BP}}{2} + x_F}{L_{BP}} \times t \end{cases} \tag{7-2-3}$$

d_m 和 x_F 值根据装载后的排水量 Δ,可从静水力图表中查得。

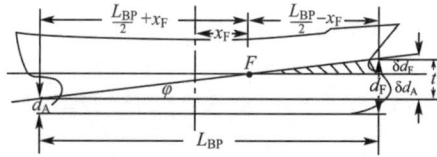

图 7-2-2　首、尾吃水的计算

2. 吃水差计算图表

为简化吃水差和首、尾吃水的计算,船舶资料中通常配有吃水差的计算图表,供船舶驾驶和管理人员使用,较为常用的有吃水差曲线图和吃水差比尺,这些都是根据上述计算原理绘制而成的。图 7-2-3 为某船吃水差曲线图,其横坐标为排水量 Δ,纵坐标为载荷纵向重量力矩,图中包括 t、d_F 和 d_A 三组等值线。吃水差曲线图可用于计算船舶吃水差及首、尾吃水,以及船舶载荷发生变化(增减或纵向移动)时吃水差的调整。

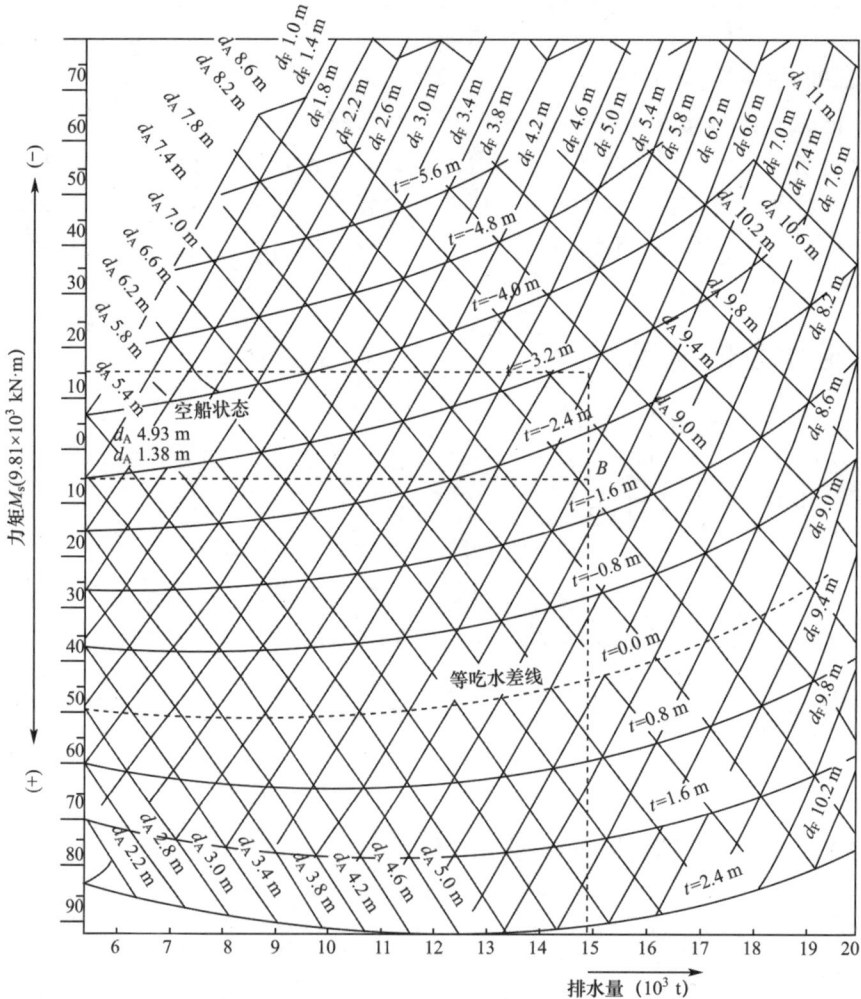

图 7-2-3　某船吃水差曲线图

当少量载荷(通常为 100 t)变动需要核算船舶纵向浮态变化时,还可使用一种简易图表,即吃水差比尺,其横坐标为增减载荷的纵向位置,纵坐标为船舶平均吃水,图中两组曲线分别表示首、尾吃水的改变量。为了使用方便,有的船上还配备了由吃水差比尺转换而成的数值表。

四、调驳压载水和燃油对吃水差的影响

1. 载荷纵向移动

压载水、淡水或燃油的纵向调驳，会产生纵向力矩，引起吃水差变化，导致船舶纵向浮态发生变化。假设重量为 p 的油水沿纵向由 x_1 调拨到 x_2 位置，则由此引起的吃水差改变量 δt 为：

$$\delta t = \frac{\sum (p_i \cdot x_i)}{100 \cdot MTC} = \frac{\sum [p_i(x_{i2} - x_{i1})]}{100 \cdot MTC} \tag{7-2-4}$$

调驳后的首、尾吃水和吃水差分别为：

$$\begin{cases} d'_F = d_F + \delta d_F = d_F + \dfrac{\dfrac{L_{BP}}{2} - x_F}{L_{BP}} \times \delta t \\[4mm] d'_A = d_A + \delta d_A = d_A - \dfrac{\dfrac{L_{BP}}{2} + x_F}{L_{BP}} \times \delta t \end{cases} \tag{7-2-5}$$

$$t' = d'_F - d'_A = t + \delta t \tag{7-2-6}$$

当油水等载荷向船首方向移动时，δt 为正值，首倾增大或尾倾减小，d_F 增大，d_A 减小；当载荷向船尾移动时，δt 为负值，首倾减小或尾倾增大，d_F 减小，d_A 增大。

2. 重量增减

重量增减包括中途港货物装卸、加排压载水、油水消耗和补给、破舱进水等，按照增减量和吃水差计算方法的不同，可分为大量增减和少量增减两种。客船油水的调驳可视为少量增减载荷处理，即增加少量载荷可以视为先将载荷装在初始漂心的垂线上，然后由漂心垂线位置上沿着船长方向移至实际装载位置；减少少量载荷则可以视为先将载荷沿着船长方向移至漂心垂线上，然后由该处卸掉，这样仍然可以采用上述公式进行计算。

第三节

客船的强度

一、强度的定义和分类

1. 船舶强度的定义

船体是由钢板和骨架组成的构件，在重力、浮力以及船体摇荡过程中的惯性力、风浪力等作用下，会不可避免地发生变形。船舶结构抵抗船体发生损坏及变形的能力称为船舶强度（Ship strength）。

2. 船舶强度的分类

船舶强度分为总强度和局部强度，其中，总强度又按外力分布及相应船体变形的方向

不同,分为总纵强度、横向强度和扭转强度。

（1）总强度

①总纵强度

总纵强度是指船体整个结构抵御纵向变形或破坏的能力。在船体各种强度中,总纵强度是最主要的强度。若总纵强度不足,会使整个船体产生断损,造成全局性的严重后果。

②横向强度

船舶各部分结构除了承受纵向外力作用外,还要承受横向外力的作用,具有抵抗横向变形的能力,我们称其为横向强度。

③扭转强度

船体抵抗扭曲变形或损坏的能力称为扭转强度或扭曲强度。船舶产生扭转强度变形的主要原因是船舶受到不对称的波浪作用力,或首尾装卸货物不对称等。

（2）局部强度

船舶各部分结构在外力作用下抵抗局部变形和损坏的能力称为局部强度。

船舶强度是否满足要求,取决于船体结构尺度是否正确和船上载荷分布是否合理。对于已投入营运的船舶,只能通过合理地分配载荷来改善船舶的受力情况。因此,正确地使用船舶,合理地配置载荷,保证船舶配积载满足船舶的强度要求,对于保证船舶安全运输和延长船舶的使用寿命有现实意义。

二、客船的强度要求与校核

1. 总强度的要求与校核

船舶驾驶和管理人员在船舶营运过程中,应通过适当的方法校核船舶强度。目前,使用装载仪校核船舶总纵强度,可以大大提高校核精度,缩短校核过程。无论何种方法,其基本原理是相同的,即将所校核剖面实际承受的剪力和弯矩值与该剖面所允许承受的最大剪力和弯矩相比较,确保前者不大于后者。

总纵强度校核的基本步骤如下：

（1）计算有关剖面处实际所受剪力和弯矩；

（2）查取或计算有关剖面处的许用剪力和弯矩；

（3）比较上述数值,如果有关剖面处实际所受剪力和弯矩不大于相应的许用剪力和弯矩,则认为船舶纵向强度处于安全状态。

为保证船体总纵强度,滚装客船的强力甲板和船底一般采用纵骨架形式。如果采用横骨架形式,则须予以特殊考虑。需要特别注意的是,滚装客船由于其滚装的特殊性,最大总纵弯曲力矩常出现在码头装卸时。因为在多数的滚装客船布置上,设有较宽的车辆甲板和高大的上层建筑,而水下部分是根据航速要求选取较小的方形系数。此种线型是两端尖削,浮力大部分集中在船中部分,而上层建筑结构、跳板、升降机坡道等设备的重量又较多集中在两端,货物的重心也是偏向船中后。特别是对尾部设置跳板的船型,常在尾部放置重型的车辆或特重货物,再加上在码头装卸过程中,为保证跳板正常工作,常在首、尾压载大量的压载水,故在装卸时对船体产生的静水弯曲力矩在船底受压的情况下为最大,在波浪上的弯曲力矩反而相对显小,故一般滚装客船通常多是典型的中拱船。因此,计算总纵强度除了计算航行状态外,还应计算在码头装卸的总纵强度。

滚装客船的稳性资料中,也相应地给出航行和在港状态时的纵向强度极限数据,表7-3-1和表7-3-2分别为某滚装客船航行时和在港口时许用弯矩和剪力沿船长方向的分布情况。

表 7-3-1　某滚装客船航行时许用弯矩和剪力沿船长方向分布表

肋位号	航行许用弯矩(kN·m)		航行许用剪力(kN)	
	最大	最小	最大	最小
10	132 000	0	15 000	−5 625
32	418 000	0	25 000	−12 500
56	730 000	225 000	25 000	−12 500
80	1 042 000	450 000	25 000	−12 500
96	1 250 000	600 000	25 000	−12 500
148	1 250 000	600 000	12 500	−25 000
172	890 000	400 000	12 500	−25 000
196	530 000	200 000	12 500	−25 000
220	170 000	0	12 500	−25 000
236	60 000	0	7 095	−14 190
244	37 140	0	4 392	−8 784

表 7-3-2　某滚装客船在港口时许用弯矩和剪力沿船长方向分布表

肋位号	港口许用弯矩(kN·m)		港口许用剪力(kN)	
	最大	最小	最大	最小
10	139 429	−8 609	15 226	−5 886
32	536 403	−137 197	28 596	−16 667
56	969 466	−52 474	32 232	−20 880
80	1 402 528	32 248	32 208	−20 824
96	1 691 236	88 730	31 628	−19 466
148	1 726 268	48 138	18 876	−31 376
172	1 308 365	−84 769	21 405	−32 751
196	810 008	−124 452	21 609	−32 861
220	311 651	−164 134	18 821	−30 455
236	109 413	−57 256	9 300	−16 093
244	40 434	−3 817	4 539	−891

应当注意,在进行校核中,有关剖面处实际所受剪力和弯矩难免存在计算误差,即使经计算表明船舶纵向强度处于安全状态,也应谨慎操作以防出现不测。

对于横向强度,滚装客船为便于储存和通过车辆,通常具有最少的结构障碍物与横隔壁,一般船宽在 25 m 以下的船,基本上不设支柱。因此,与普通货船相比较,滚装客船的横向强度显得较弱,必要时需对某些横向构件的尺度用附加的计算进行校核。

由于船体结构开口的大小直接影响其扭转强度的大小,而客船和滚装客船,因为各层甲板上并无较大的开口,所以其扭转强度无太大问题,不是主要需要解决和讨论的问题。

2. 局部强度的要求与校核

与普通货船的均布载荷不同,滚装客船还需要考虑车货的集中载荷和车辆载荷。集中载荷是指货物重力集中作用在一个较小的特定面积上,如重大件货的底角、拖车支架等;车辆载荷是指载车部位上的车辆及其所载货物的重力集中作用在特定数目的车轮上。因此,局部强度对滚装客船而言是个重要的问题。

滚装作业期间,确保各部位的实际载重不超过承重的允许值,即可认为局部强度符合要求。其中,许用负荷量可通过查船舶资料或经验公式估算的方法获得,装载后的实际负荷量大小根据载荷的不同类型进行计算,将两者相比较来进行局部强度的校核。

在实际工作中,滚装客船通常根据重量和车轮数将车辆分为多种基本车型,计算出对应不同甲板装载各种不同车型的最大负荷量,制成图表以方便车辆积载人员查询及参考,对超载车辆应拒载或要求其减载后装船。图 7-3-1 是某滚装客船对车型②的甲板最大负荷量及车轮印分布要求。

车型	②
可装载甲板	1、3甲板
最大车重(t)（车长10.20 m）	42
甲板许用符合(t/m²)	3
最大轴载荷(t)（轴距1.85 m）	20

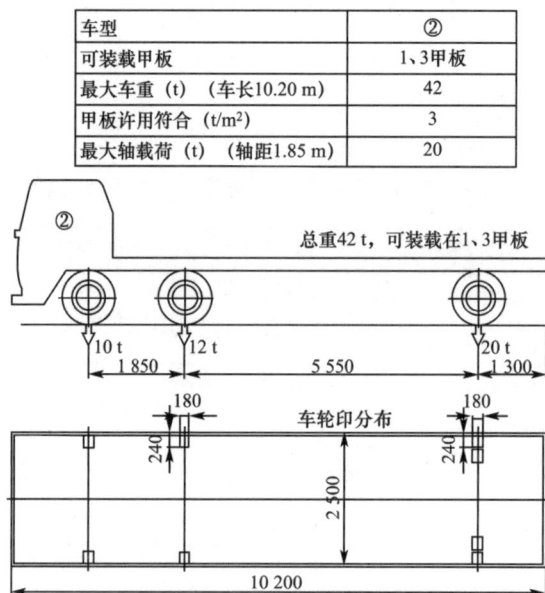

图 7-3-1 某滚装客船对车型②的甲板最大负荷量及车轮印分布要求

第八章
装载及登船设备和程序

客船货物的装载和旅客的登船，主要通过船上或码头的相关设施、设备来实现。普通客船，由船舶或码头提供登乘梯。滚装客船，则因其特殊性，需配备相应的特殊设备，具体如图8-0-1所示，主要包括：

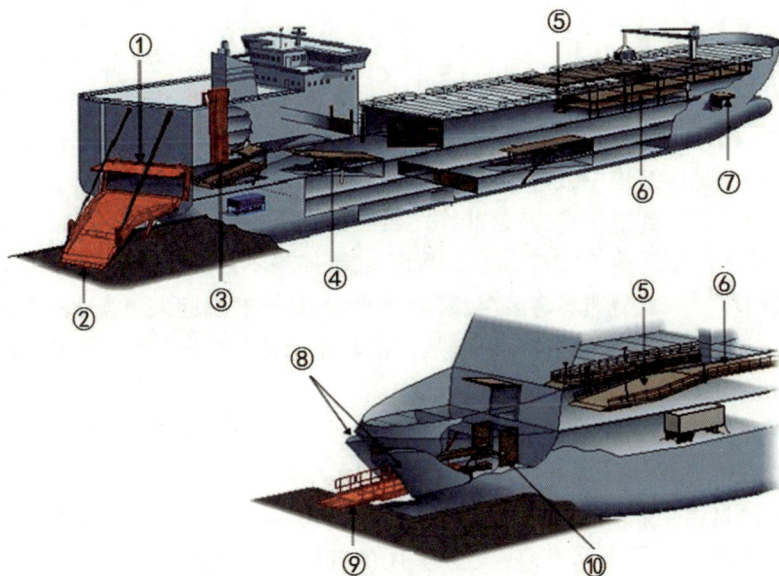

图 8-0-1 滚装客船的特殊设备

①—尾门；②—尾跳板；③—尾斜跳板；④—固定斜坡道及坡道盖；⑤—活动斜坡道；
⑥—活动车辆甲板；⑦—舷门；⑧—首门；⑨—首直跳板；⑩—船首内门

　　船与码头间交通联系的设备——跳板；

　　沟通甲板间交通联系的设备——斜坡道和升降机；

　　增加装货的设备——活动车辆甲板；

　　船体开口及大型水密设备：首门、尾门、舷门和角门、舱壁门等。

　　这几种设备有些可以互相兼用，如跳板兼作水密门，活动斜坡道兼作水密甲板。有的船不但有首门，还有尾门、舷侧门，有的船则只设尾门。

　　船舶驾驶与管理人员，以及负责货物装卸和运输安全的相关人员，应充分了解这些设施、设备的基本知识，熟练掌握其操作要领和使用保养要求，确保作业安全。

第一节

船体开口及水密门

　　大型客船一般在舷侧或首、尾设置水密开口，供旅客登离船或者行李装卸，滚装客船则还要设置大型水密门供车辆进出；船舶内部的舱壁上也设有水密舱壁门，以确保水密分舱。

一、外部水密门

　　外部水密门作为船体的一部分，法规要求其强度应与周边的船体结构强度一致，但应注意它们是船舶总体结构中最薄弱的环节。船舶在海上航行时，水密门会受到风浪的冲击，靠码头后，可能受到挤压；尤其是兼作跳板用的水密门，在装卸货时还要受到车辆造成的压力以及船舶倾侧时造成的扭力等。因此，如果使用不当或年久失修，外部水密门容易发生变形或损坏。一旦遭遇恶劣海况，轻则海水漏入舱内，引起大量海水积聚于较高的甲板，水在舱内流动形成很大的自由液面，从而使船舶稳性降低；严重时，可能有大量海水涌入，往往在几分钟内就会造成船舶沉没。

　　1953 年，"维多利亚公主"（*Princess Victoria*）号在驶往英国的途中遭遇大风浪，尾门破损进水导致沉没，造成 133 人死亡。

　　1987 年，"自由企业先驱"（*Herald of Free Enterprise*）号在没来得及关闭首门的情况下，开航不到 1 n mile，因海水迅速通过未关闭的首门，大量地涌进车辆舱，而迅速沉没，造成 150 名旅客和 38 名船员死亡，经济损失达上亿美元，震惊了各国航运界。

　　1994 年，"爱沙尼亚"（*Estonia*）号因首门被巨浪打开，导致车辆舱大量进水，船舶迅速沉没，造成 900 多人死亡。

　　诸多惨烈的事故，引起业界的高度重视，IMO 对 SOLAS 公约及其他规则进行了多次修订，对滚装客船的外部水密门做了严格的规定。对于船员而言，应对外部水密门充分地重视和了解,掌握相关知识。

装设在滚装客船船壳上的外部水密门是车辆和旅客上下船的出入口,根据其在船上的装设部位不同,可以分为首门、尾门、舷门和角门等。

(一)首门

首门(Bow door)安装在船头,大型滚装客船的首门形式有帽罩式和旁开式两种,一些吨位较小的船舶,可能配有兼作跳板的首门,其原理和操作与尾门、舷门等相同,在此不做赘述。

1. 帽罩式首门

帽罩式首门就像电焊工的遮光帽,水密门翻下关闭时能与船体线形相吻合,以保证正常的航行性能。靠岸后,水密门向上翻起开启,然后放下跳板,让车辆自由进出。图8-1-1是两种不同上翻形式的帽罩式首门。

图 8-1-1　帽罩式首门

2. 旁开式首门

这种类型的首门分为两扇,船舶靠岸后,门向两侧开启,然后放下跳板,以供车辆装卸。旁开式首门要求船舶首部比较宽,如图8-1-2所示。

图 8-1-2　旁开式首门

(二)尾门、舷门和角门

尾门(Stern door)、舷门和角门(Side port)的结构相同,只是装设的位置不同。这类门可分成两种,一种是兼作跳板,另一种是专门用作船体水密。

1. 兼作跳板的水密门

顾名思义,此类水密门既有水密的作用,又可作为跳板,一般其铰链或液压杆等装置装设在门的下方,水密门放下时当作跳板使用,收起来则保证船体开口的水密,如图 8-1-3 所示。

图 8-1-3　兼作跳板的尾门和舷门

2. 仅用于关闭船体开口的水密门

此类水密门一般是门的顶部或侧面与船体相连接,仅用于关闭船体开口以确保船体水密,需要另外配备跳板或梯道供车辆上下、货物装卸和旅客登离船。此类水密门根据其装设部位、船体的高度等,通常可以设置为不同的开启方式。如上翻铰链式,即铰链装在门的顶部,门上翻开启、落下关闭,如图 8-1-4 和图 8-1-5 所示;上下滑动式或左右滑动式,门可以向上或横向滑动开启,并固定在滑道上,以节省空间,分别如图 8-1-6 和图 8-1-7 所示。

图 8-1-4　铰链式尾门

图 8-1-5　铰链式舷侧水密门

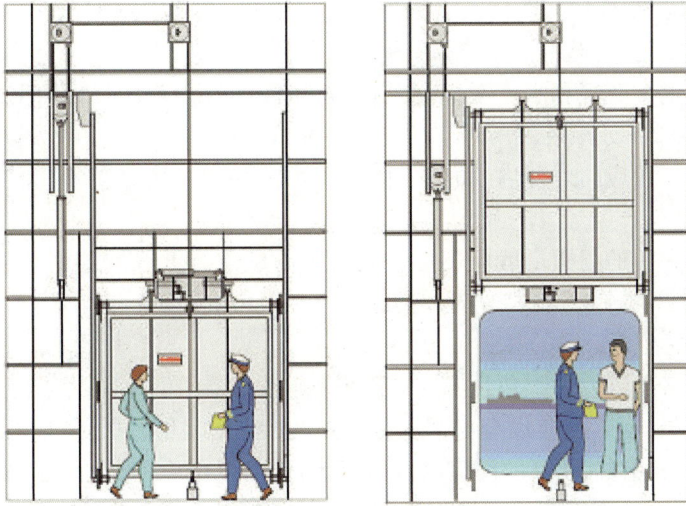

图 8-1-6　上下滑动式舷侧水密门

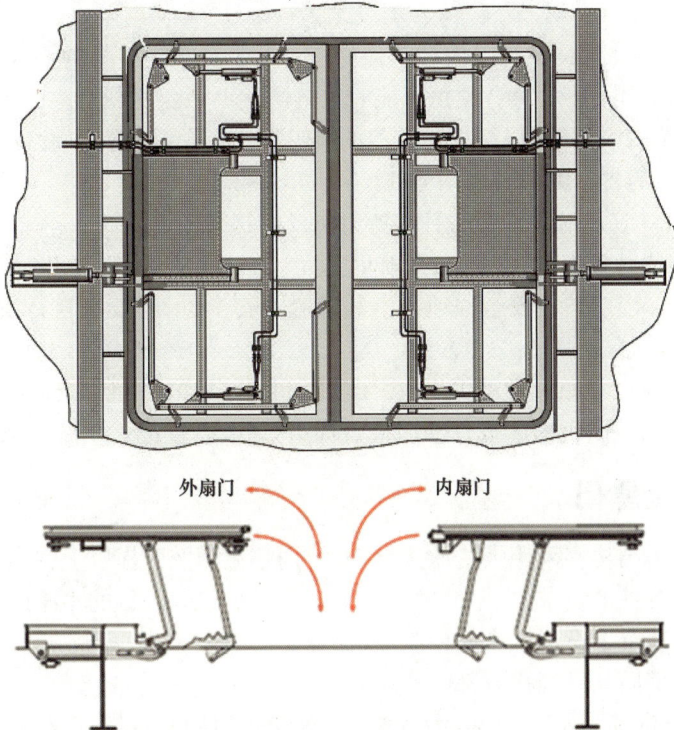

外扇门　　　　　　内扇门

图 8-1-7　左右滑动式舷侧水密门

(三) 法规对外部水密门及其操作的要求

（1）主管机关认为任其开启或未适当紧固会导致特种处所或滚装处所进水的所有舷门、装货门和其他关闭设备应在驾驶室配备指示器。指示器系统应按故障安全原则设计，如果门未完全关闭，或任一紧固装置未到位或未完全锁好，该指示器应以视觉报警显示；如果这类门或关闭装置开启或紧固装置松开，指示器应以听觉报警显示。驾驶室的指示器面板上配备的"在港/航行中"模式选择功能，应使船舶离港时，如首门、内门、尾坡道或任何其他舷门未关闭或任何关闭装置未处于正确位置,在驾驶室发出听觉报警。用于指示系统的动力源应独立于用于操作和紧固这些门的动力源。

(2)应设置电视监视和水渗漏探测系统,将可能通过内首门、外首门、尾门或任何其他舷门导致特种处所或滚装处所进水的任何渗漏情况提供给驾驶室及发动机控制站。

(3)水密门一般应向外开启,而且应保证其水密性和结构完整性与其所处位置及邻近结构相当。

(4)舷门和尾门的门槛一般应不低于通过最高载重线上缘舷侧干舷甲板平行线,当门槛在最高载重线之下时,应特别考虑防止漏水在甲板上漫延;首门必须装设在干舷甲板以上,并考虑因受冲击所需的加强。

(5)舷门开口角隅应为圆角且应在舷侧设强肋骨及在开口上下缘予以加强。

(6)门应适当扶强,且应设有与邻近结构强度相当的足够的关闭和紧固装置,以使门在关闭后不能上下左右活动;舷门应具有固定装置,以便在开启位置将门固定。作为关闭装置的铰链,应与门结构成为一个整体;关闭装置应操作简单且易于达到。

(7)当采用液压夹扣时,该系统在关闭位置应能机械锁住,以便当液压系统发生故障时夹扣仍能保持锁住。

(8)当门作为车辆跳板时,门板和扶强材应不低于对车辆甲板的要求;铰链的设计应考虑船的纵(横)倾角,因纵(横)倾角可能对铰链产生不平衡的载荷。

(9)未经许可的人员,不得接近遥控门的操纵板。在操纵板处应设置"船离港前应关闭所有关闭装置"的告示牌和警告信号灯。

(10)密封填料应采用较软型的且支持力应仅由钢结构承受。

(11)位于限界线以上的门,应在开航前关闭,加锁并应保持关闭和加锁直至船舶到达下一个停泊地。当船舶在安全锚地且不危害船舶安全时,船长可自行决定打开某些特定的门。

(12)水密门应在船舶离港前关闭,关闭的时间及开启的时间应记入航海日志中。

(13)水密门的关闭机械的操作演习应每周举行一次,且记入航海日志中。

二、水密舱壁门

滚装客船船体结构多采用大货舱式结构,特别是在干舷甲板以上,一般采用全通舱式结构。但根据抗沉性的要求,在干舷甲板以下必须设置相应数目的水密舱壁,以满足抗沉性要求。而在横舱壁上设置水密舱壁门,既保证了必要的水密,又满足了人员、车辆通行的要求,同时,对消防和废气排放都有作用。

舱壁门(Bulkhead door)一般分为铰链式、滑动式两种。铰链式又分为上铰链、下铰链、边铰链以及折叠式;滑动式又分为竖动式和横动式。

1. 船首内门

滚装客船的首门内侧,还应设置构成防撞舱壁部分的水密内门,并且在内门的后面装设固定的密封支持装置。其类型主要有边铰链双扇门(如图8-1-8所示)、顶铰式单扇门(如图8-1-9所示)。

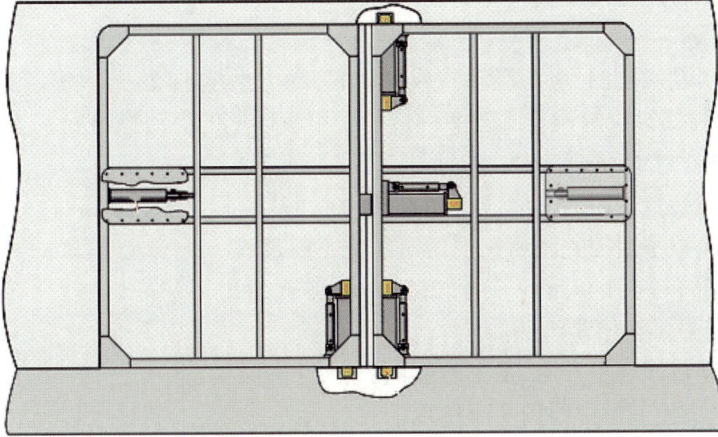

图 8-1-8　船首内门——边铰链双扇门

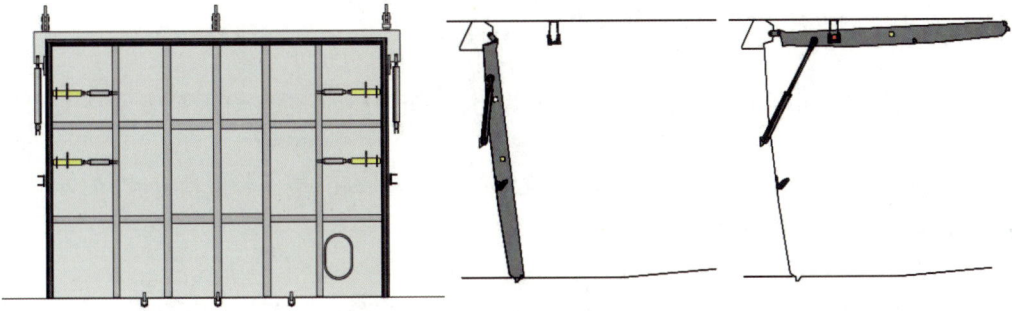

图 8-1-9　船首内门——顶铰式单扇门

2. 其他舱壁门

　　客船水密舱壁上的开口数量应在适应船舶设计及船舶正常作业的情况下减至最少，这些开口均应备有可靠的关闭设备。客船分隔货舱水密舱壁上装设的水密门可分为铰链式、滚动式或滑动式。图 8-1-10 所示为滑动式舱壁门。

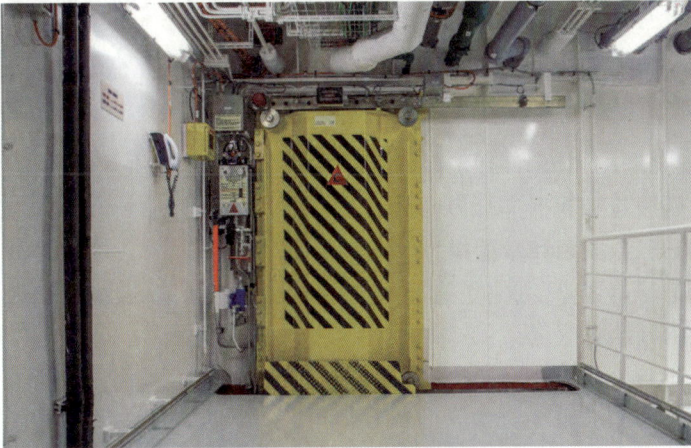

图 8-1-10　滑动式舱壁门

3. 法规对水密舱壁门及其操作的要求

（1）结构要求：

每一动力滑动水密门，应为竖动式或横动式，动力系统独立；最大净开口宽度一般限制为 1.2 m；遥控操纵位置设在驾驶室内或舱壁甲板以上的手动操纵处。

（2）在船舶正浮时，舱壁门关闭时间应满足下列要求：

①手动机械装置关闭的时间应不超过 90 s；

②驾驶室集控室遥控关闭所用门的时间应不超过 60 s；

③遥控关闭单个门的时间 t 应为：$20\ s \leqslant t \leqslant 40\ s$。

（3）舱壁门的操作位置包括：

①现场手动机械装置开启、关闭舱壁门；

②驾驶室、集控室集中遥控关闭所用门；

③舱壁甲板可到达之处用全周旋摇柄转动关闭水密门。

（4）舱壁门有特别的声响警报器，在门开始移动前至少 5 s 但不超过 10 s 发出声响，且连续发出声响报警直至该门完全关闭。

（5）信号显示：

红灯表示门完全开启，绿灯表示门完全关闭，遥控关门时，以红灯闪烁表示在关闭过程中。

（6）客船分隔货舱水密舱壁上装设的水密门可为铰链式、滚动式或滑动式，但必是遥控的，不要求 60 s 内关闭。

（7）当船舶横倾 15°时，水密门应能关闭。

（8）所有水密门在航行中应保持关闭。因船上工作在航行中必须开启时，应做到随时可能关闭。

（9）主横舱壁上的一切水密门，凡需在航行中使用的，应每天进行操作。水密门在航行中至少应每周进行一次检查。关闭机械的操作演习，应每周进行一次。演习和检查记录均应记入航海日志中，且明显记载所发现的任何缺陷。

（10）当检查发现水密舱壁门存在严重缺陷而影响其水密性时，在未修复前严禁开航。

三、水密门的操作与维护保养

水密门是保护船舶开口、保证船舶水密的重要设施，在操作和维护保养上，船员应格外重视，严格按照规范和规程进行。

1. 水密门的开启、关闭和紧固操作

客船，尤其是滚装客船，应建立关于开关和紧固船体开口的程序，以及正确操作相关系统的程序，其内容至少应包括：

（1）由适任的操作员开关、锁紧所有船体开口和跳板。

（2）在适当的位置张贴船壳水密门或其他可能导致进水的关闭设备的操作程序。

（3）关于门和跳板的所有通信必须清晰，并得到船长的确认，所有参与操作的人员都明确这些通信的方式和内容。

（4）船舶不在泊位时，不能进行门的开启或关闭操作；船舶靠离泊时，门可以是打开的,但船首内门必须保持关闭。

(5)应清楚所有水密门和跳板的电源是独立的,操作时需分清。

(6)操作前应注意对环境的要求,如气温、船舶的纵倾和横倾等。

(7)操作前检查周围环境,清除障碍,特别是帽罩式水密门操作前更需注意船首甲板的清理工作,无关人员远离操作现场。

(8)注意液压系统的压力,使之处于额定范围。

(9)若设有门销和机械紧固装置,在门的开关之前以及开关过程中务必注意该装置的状态,不打开或未完全打开前,切勿开关水密门。在门关妥以后,门销及机械紧固装置一定锁紧并保证在航行中处于良好状态。在门开启后务必将机械锁固锁好,栏杆等防护设施装妥,以防意外。

(10)严格按照操作程序操作,操作完毕后,所有控制箱的钥匙均应取下并放于安全处保管。

(11)所有水密门的开关时间均应记入航海日志。

2. 密封检查

对客船开口部位进行密封检查是确保船舶水密性的重要手段,主要包括:

(1)用电视监视器进行监控。

(2)使用漏水监测系统监控船舶首门、尾门及其他船体门的任何渗漏。

(3)对可能损坏、磨损或与锁闭装置框架无法密闭相连且无法立即更换的密封部位,应实施持续检查。

(4)船上应保留船首和内部水密门操作和维护手册,包括主要细节及设计图纸、运行状态等。

3. 水密门的维护保养

水密门是客船的重要设备,直接影响着船舶的安全,因此应按照规范的要求定期进行维护保养。

(1)钢丝、铰链等受力部件定期检查,及时更换、修理。

(2)水密门附属的活动部件,如钢丝、门销、轴承等以及按说明书需定期加油的地方需及时加油,以便保护活动部件灵活到位。

(3)保证水密橡胶填料完整,并保持清洁,其上切勿涂油或油漆,以防老化。

(4)暴露在舱面上的电气设备注意保持绝缘完好。冲洗甲板时,应注意保护电气设备,切忌用水直接冲洗。

第二节

跳板

跳板(Ramp)是滚装设备中的主要设备,是船与码头间货物装卸的桥梁。

一、跳板的分类

跳板按其在船上的装设位置分为首跳板、尾跳板和舷侧跳板;按其形式分为直跳板、斜跳板、旋转跳板和半旋转跳板。

1. 直跳板

直跳板是指与船体中心线平行设置的跳板,如图 8-2-1 所示。这种跳板的使用对码头有一定的要求,无法在一般沿岸码头处使用,它需要沿岸码头设置突台或浮码头、半码头等设施,或在凹槽形码头、锯齿形码头和设有专门系缆桩的水面宽阔的码头使用。

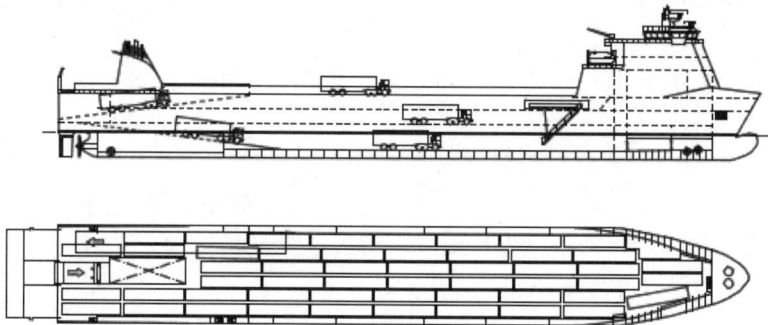

图 8-2-1　直跳板

2. 斜跳板

斜跳板是指与船体中心线呈一定角度设置的跳板,如图 8-2-2 所示。斜跳板一般由三节铰接而成,跳板与船体中心线交角在 30°~40°。斜跳板的使用比直跳板灵活,可以使船停靠在一般沿岸码头进行货物装卸。

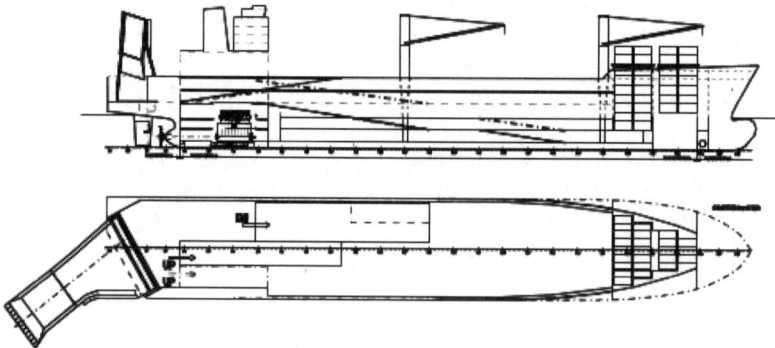

图 8-2-2　斜跳板

3. 旋转跳板

旋转跳板是指可向船舶两舷侧旋转的跳板,旋转角度通常在 ±25°~±40°,如图 8-2-3 所示。这种形式的跳板不仅使船可以停靠沿岸码头,而且可适应潮水涨落方向,由任一侧停靠。

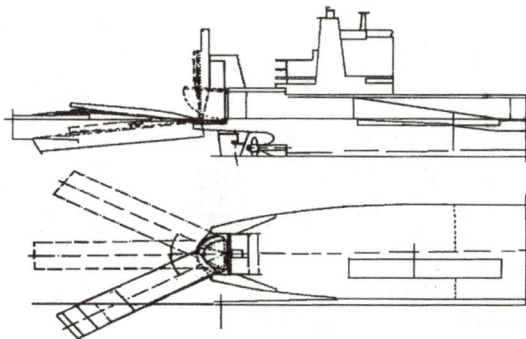

图 8-2-3　旋转跳板

4. 半旋转跳板

半旋转跳板是指从船体中心线或平行于船体中心线的位置只能向一舷旋转的跳板，如图 8-2-4 所示。这种跳板既可当直跳板用，又可当斜跳板用。

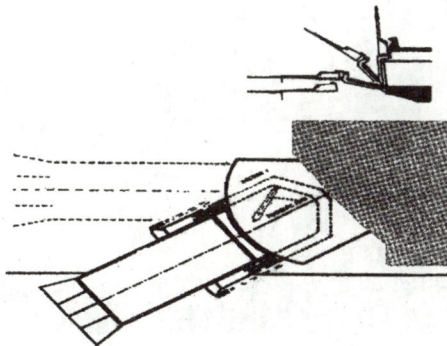

图 8-2-4　半旋转跳板

二、跳板的配备与结构

1. 跳板的装设位置和选用类型

跳板的装设位置和选用类型根据货种、航线和航程、码头情况等因素而定。航线比较固定的滚装客船，其码头也经过专门设计，船上就只需设直跳板即可。直跳板设计简单，宽度可以大些，便于车辆双线装卸。双门尾直跳板如图 8-2-5 所示。

图 8-2-5　双门尾直跳板

航线不固定的滚装客船一般都设有斜跳板,以适应普通的沿岸码头,而短途运输对装卸速度要求高,因而不仅在船尾设跳板,船首舷侧也设跳板,车辆可以前进后出或后进前出,不需要在舱内掉头,如图8-2-6所示。

（a）船尾直跳板和舷侧斜跳板

（b）船首舷侧斜跳板

图 8-2-6　斜跳板的设置

2. 跳板的坡度

跳板的坡度也是应考虑的重要问题,如果坡度太陡,可能会对底盘低的车辆造成损伤。与坡度有关的首要因素是跳板的长度:跳板越长,其工作坡度就越小;跳板越短,其工作坡度就越大。除此之外,跳板的坡度还与船舶吃水、潮汐变化、车辆甲板出口距基线的高度以及船舶的纵倾和横倾等状态有关。

目前,专用的滚装码头多设置相应的码头辅助设施,以解决跳板的坡度问题。例如,图8-2-7是某滚装客运码头的滚装桥及其液压控制系统,可以根据潮水和船舶吃水等因素调整其高度,即使跳板很短,也能保证车辆顺利装卸。

图 8-2-7　滚装桥及其液压控制系统

3. 跳板的结构

跳板是一块纵横组合或以纵向骨架为主的板架,可由两节或三节组成,通常斜跳板和旋转跳板由三节组成,短直跳板一般由两节组成。图 8-2-8 是结构较为复杂的一种折叠跳板。与船体连接的板架称为主板,与码头贴合的一块称为翼板(舌板)。多节组成的跳板在主板和翼板间还设有副板,主板与副板用铰链连接,可以伸展与折叠,放下时主、副板伸展几乎成为一个平面,收起折叠。端板是副板与翼板间的过渡,与翼板由铰链相连。翼板在纵向分为多块,跳板落在码头时,端板与翼板平贴于码头。

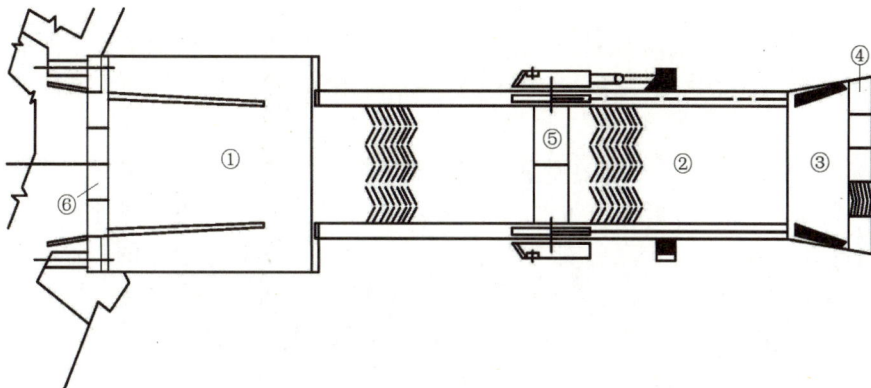

图 8-2-8 尾斜跳板各部分名称
①—主板;②—副板;③—端板;④、⑤、⑥—翼板

三、法规对跳板的要求

跳板作为滚装作业的重要设备,法规将其视为起重设备,有严格的要求。

1. 跳板的设计要求

(1)跳板一般只适用于在港口或遮蔽水域的环境条件,船舶在受浪的作用下不会产生明显的运动。

(2)跳板在放下的位置和操作情况下,应能在船舶处于横倾 5°、纵倾 2°时安全有效地工作。

(3)跳板的坡度应符合不同类型车辆的要求,如表 8-2-1 所示。船岸作业时船舶可能装载多种车辆,又会受到纵倾和横倾的影响,因此应综合考虑以确保坡度适应各种类型的车辆。

表 8-2-1 跳板的坡度

坡度	车辆类型			
	小汽车	拖车	重型拖车	集装箱拖车
最大坡度	1:5	1:6	1:9	1:9
一般选用坡度	1:6	1:7	1:10	1:10

(4)跳板在各种状态下,应考虑各种载荷和力。

①跳板在载重状态时,应考虑可能出现的最不利角度和支承布置组合,应考虑的载荷

和力包括自重载荷、作用在跳板上的载荷、车辆运动力。

②跳板在提升和回转时,应考虑的载荷和力包括自重载荷、作用在跳板上的载荷、起升和回转时的动载力、船舶静倾力。

③跳板及其锁紧机构处于放置状态时,应考虑的载荷和力包括自重载荷、作用在跳板上的载荷、船舶运动力与静倾力、气候载荷。

其中,船舶自重载荷 L_m 乘以系数 1.2 作为考虑操纵跳板时的动载力;作用在跳板上的静载荷 L_e 乘以系数 1.1 作为考虑车辆的运动力;当操纵跳板时,同时有 L_m 和 L_e,则两者均应乘以系数 1.2。

(5)跳板的设计载荷应与船舶装载手册相一致,其具体内容包括跳板上所载的车辆数和车辆间距、车辆的类型和质量、轴上的载荷、轮胎印的尺寸、车轮和支承的数量和间距等。

(6)除车辆载荷外,如跳板在放置位置形成甲板的一部分,则亦应考虑与甲板相适应的甲板均匀载荷;如跳板形成船舶水密结构的一部分,则亦应符合相应的水密结构要求。

(7)起升回转装置的链条的安全系数应不小于 4.0;起升回转装置的钢索的安全系数应不小于 4.0 且不大于 5.0。

(8)跳板应设有下述情况能防止控制和驱动线路动作的装置:

①任何遮蔽物未取下;

②超载;

③车辆围栏未关闭。

(9)跳板在运行时应发出连续的声光警报。

(10)跳板工作时的水平方向上的最大倾斜,应不大于预定的角度。如超过允许的角度,应发出警报。

(11)跳板由可伸缩的紧锁装置固定时,应设有在紧锁装置合上时确保动力不中断的设施,以及在紧锁装置未脱开前禁止其降落的设施。

(12)如使用遥控紧锁装置时,则应设有在紧锁装置失效时紧锁跳板的替代设施。

(13)除尾门外,如设有码头边出入的跳板,在尾门开启或关闭前,跳板相对于水平角应小于 10°。

2. 跳板的检验与试验要求

(1)跳板在使用前应进行初次检验和试验,使用后每十二个月进行一次年度检验。

(2)每隔四年进行一次换证检验并进行试验。

(3)在使用中更换或修理影响强度的活动部件,应进行试验和全面检查。

(4)跳板在安装和重大修理、更换或改建时,应做以下试验:

①当跳板承受 1.25 倍安全负荷(SWL)的载荷时,制动器在跳板处于最不利位置时将其刹住;

②跳板在工作位置承受 1.1~1.25 倍 SWL;

③跳板在无载荷情况下,能操纵运转一个完整的工作循环。

(5)当发生重大事故或发现重大缺陷应报告船舶检验机构。

四、跳板的使用与维护保养

1. 跳板的操作程序

操作跳板时,操作人员应特别注意跳板与码头之间的距离,防止触碰。图 8-2-9 是折叠式跳板的操作过程。

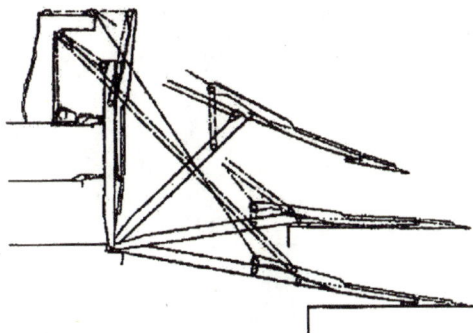

(a)示意图

(b)实际操作

图 8-2-9 折叠式跳板的操作过程

(1)跳板的操作应由适任的操作员进行。

(2)应在适当的位置张贴跳板操作程序。

(3)关于门和跳板的所有通信必须清晰,并得到船长的确认,所有参与操作的人员都明确这些通信的方式和内容。

(4)应清楚所有水密门和跳板的电源应是独立的,操作时需分清。

(5)操作前应注意对环境的要求,如气温、船舶的纵倾和横倾等。

(6)操作前检查周围环境,清除障碍,无关人员远离操作现场。

(7)注意液压系统的压力,使之处于额定范围。

(8)严格按照操作程序操作,操作完毕后,所有控制箱的钥匙均应取下并放于安全处保管。

(9)在施放折叠式跳板时,应注意主板和副板的配合控制,确保适当伸展。

(10)跳板施放到位后,应安装两侧的栏杆,夜间应保持足够照明;回收跳板前,应收妥栏杆。

(11)现场人员应提醒车辆在跳板上行驶时须限速,以防产生过大的冲击力。

2. 跳板的维护保养

（1）跳板的轴承、滑车、销子、钢丝、链条等受力、活动部件，应按起重设备的要求定期检查、检验、活络、加油、保养。

（2）跳板的操作台及其他电气部件应及时检查，并防止冲水，以免绝缘性能下降。

（3）跳板如果兼作水密门，需按照水密门的要求管理，如应保证水密性、密封填料需柔软、支持力应由钢结构承受、在使用液压夹扣时应能在关闭位置机械锁住；其关闭的机械应每周进行一次演习，离港前需关闭；水密门关闭时间应记入航海日志中。

第三节
斜坡道和升降机

滚装客船车辆舱内设有多层纵通甲板，上、下层甲板之间的通道主要是斜坡道和升降机，汽车或拖车由此可以进入各层舱内。

一、斜坡道

斜坡道（Rampway）是一块板架，它安装在上、下甲板之间，是沟通甲板间交通的设备。

（一）斜坡道的分类

斜坡道分为固定斜坡道和活动斜坡道两种，其中两端固定焊牢在两层甲板的坡道称为固定斜坡道，一端或者两端均可活动升降的坡道称为活动斜坡道。

1. 固定斜坡道

固定斜坡道一般安装在主甲板与下层甲板之间，如图8-3-1所示。固定斜坡道的上方可以装车，固定斜坡道的下方可作仓库、机房等使用。固定斜坡道几乎不用维修，造价也低，所以常被采用。

图 8-3-1　固定斜坡道

有些固定斜坡道在其上方设有水密盖，如图8-3-2所示。当盖子打开时，车辆可以在坡道上通行和装卸;当盖子盖上时,盖子与甲板平齐并成为水密甲板的一部分,其上仍可装车。然而坡道盖构造较为复杂,维修困难,造价也相应较高。

图 8-3-2　斜坡道水密盖

2. 活动斜坡道

活动斜坡道通常设于主甲板与上层甲板之间,如图 8-3-3 所示。

图 8-3-3　活动斜坡道

当上层甲板装车完毕后,坡道上可装车,然后将坡道升起,其下方仍可装车,这样可充分利用舱容,如图 8-3-4 所示。两端都可活动升降的坡道则能适应不同高度的甲板。

图 8-3-4　活动斜坡道载货升起示意图

(二)斜坡道的坡度

斜坡道的坡度一般为 1:8~1:10,因而斜坡道的长度视甲板间的高度而定,甲板间的高度越高,坡道的长度就越长。比如甲板间高为 4.2~4.5 m,坡道长度就要长达 30~40 m,显然,坡道将占去相当大的舱容。

（三）斜坡道及水密盖的操作程序

（1）斜坡道及水密盖的操作应由适任的操作员进行。

（2）应在适当的位置张贴操作程序。

（3）关于设备操作的所有通信必须清晰，并得到船长的确认，所有参与操作的人员都明确这些通信的方式和内容。

（4）操作前检查周围环境，清除障碍，无关人员远离操作现场。

（5）注意液压系统的压力，使之处于额定范围。

（6）严格按照操作程序操作，操作完毕后，所有控制箱的钥匙均应取下并放于安全处保管。

（7）斜坡道及水密盖的紧固装置，如液压或机械销子，往往处在操纵者看不到的地方，在升降斜坡道或水密盖时必须先把销子完全打开，并且一定要检查无误。

（8）斜坡道或水密盖施放到位后，应按要求安装栏杆，保持足够照明。

（9）使用斜坡道应注意经常清洗坡道上的油污、沙土，以防车辆或行人在上面打滑。

（10）现场人员应提醒车辆在跳板上行驶须限速，以防产生过大的冲击力。

（11）坡道的拐弯处应设有反光镜或警示灯，以防发生碰撞。

（四）斜坡道及水密盖的维护保养

（1）兼作水密用的斜坡道及坡道盖，其水密部分应保持完整，特别注意油污的清除；避免在橡胶填料上涂油漆，以防橡胶老化、变质而破坏其水密性。

（2）活动斜坡道或斜坡道盖应按说明书指出的加油点定期加油活络，保持动作流畅。

（3）斜坡道的受力部件需定期检查，可带车辆升降的斜坡道属起重设备，按车辆升降机的规定进行维护保养。

二、升降机

升降机（Elevator）是一种可载有车辆的平台，是能在甲板间升降并进行装卸作业的设备。升降机与活动斜坡道相比较的情况如表 8-3-1 所示。

表 8-3-1　两种交通连接设备比较表

设备	占据空间	装卸速度	构造	维修保养	造价
活动斜坡道	大	快	简单	易	低
升降机	小	慢	复杂	难	高

（一）升降机的分类

滚装客船升降机分为 U 形、L 形、X 形（剪式）三种。

1. U 形升降机

U 形升降机是指四角起吊的升降平台，在其四角或两角设有导轨，用以控制升降时的水平。用链条或钢丝绳作为引索升降平台，如图 8-3-5 所示。升降机降至底层舱时，车辆开到平台上。当升至顶部甲板时，与甲板平齐，其平台四周的水密装置起作用，形成水密甲板。

图 8-3-5　U 形升降机

2. L 形升降机

L 形升降机的提升机构在一侧,如同叉车的叉子上加了一块平台板,如图 8-3-6 所示。

图 8-3-6　L 形升降机

3. 剪式升降机

剪式升降机的平台下面用交叉的构架支撑,放下后,构架可埋在甲板下,平台与该甲板面平齐,如图 8-3-7 所示。剪式升降机的平台常设于最底层甲板或平台。

图 8-3-7　剪式升降机

(二) 升降机水密盖

与坡道水密盖相似,部分升降机在其上方设有水密盖,如图 8-3-8 所示。上层甲板装卸车辆时,将水密盖打开,装卸完毕后,关闭盖子,盖子与甲板平齐并成为水密甲板的一部分。

图 8-3-8　升降机水密盖(升降机升至顶层甲板时)

(三)法规对升降机的要求

(1)升降机一般只适合在港口和遮蔽水域环境使用,船舶航行时处于放置位置,货物和车辆可存放在上面。

(2)升降机一般能在船舶横倾小于5°、纵倾小于2°的状态下安全有效地工作。

(3)升降机及其紧锁装置处于放置状态时,能承受垂直和平行甲板的加速度及静倾角30°的力。

(4)除车辆装载外,尚应考虑升降机放置于甲板上的甲板均匀载荷。

(5)如升降机组成船体水密结构的一部分,应同样满足水密要求。

(6)升降机的设计载荷应与船舶装载手册相一致,内容包括放置在升降机上的车辆数和车辆间距、车辆的类型和质量、轴上的载荷、轮胎印的尺寸、车轮和支承的数量和间距等。

(7)升降机不准超负荷运转。

(8)升降机应设有放置状态的锁紧装置,应能承受船舶运动和纵倾、横倾所产生的垂向、纵向和横向的载荷,且不致工作时松动和损害船舶的水密完整性。

(9)升降机链条和钢丝绳的安全系数应不低于4.0。

(四)升降机的操作程序

(1)升降机的操作应由适任的操作员进行,且有指定人员在上下甲板指挥。

(2)应在适当的位置张贴操作程序。

(3)关于设备操作的所有通信必须清晰,并得到船长的确认,所有参与操作的人员都明确这些通信的方式和内容。

(4)操作前检查周围环境,清除障碍,无关人员远离操作现场。

(5)严格按照操作程序操作,操作完毕后,所有控制箱的钥匙均应取下并放于安全处保管。

(6)作业时,升降机上方的甲板开口处需设置栏杆,防止人员、车辆摔落;在升降机的下方需设警戒标志,以防人员、车辆在升降机下活动。

（7）升降机在装好车辆后应由专人检查，防止车上的突出物阻碍升降机运作。

（五）升降机的维护保养

车辆升降机属起重设备，载重能力一般都在几十吨，结构复杂，操作虽不烦琐，但如果使用不当，维护不及时，也会给操作带来麻烦。

（1）注意时常检查升降机的水密橡胶填料等，使放置状态的紧锁装置保持有效。

（2）定期检验升降装置的链条、钢丝，保证安全。

（3）按说明书要求，定期加油活络。

第四节
活动车辆甲板

活动车辆甲板（Movable deck）是车辆舱内部分可移动的甲板，能将车辆舱在水平方向分成两层，用以增加舱容利用率，适应装载小型车辆的要求。

活动车辆甲板不能大面积整块活动，只能局部使用一层甲板，以减轻动力机构的负担。活动汽车甲板的最前和/或最后一块常用作斜坡道，当活动甲板放妥后，用于车辆装卸，如图 8-4-1 所示。

图 8-4-1　活动车辆甲板

一、活动车辆甲板的分类

活动车辆甲板按其活动方式可分为升降式和翻转式。其中，升降式包括吊升式和顶升式；按照收藏方式可分为顶部收藏式和舷侧收藏式。翻转式活动车辆甲板，一般在小型定期专线航班的滚装客渡船上使用；较大型的滚装船普遍使用吊升式，纯车辆运载船一般使用顶升式。

1. 升降式活动车辆甲板

升降式活动车辆甲板有的是靠专门的升降系统升降，一般是使用液压缸带动滑轮组，用钢丝绳牵引升降，通常是顶部收藏。当升降式活动车辆甲板降到底部甲板时，汽车直接开到活动甲板上,然后连车一起升到中间位置并锁紧。升降式活动车辆甲板下仍可装车,增加了装货空间,如图8-4-2所示。

图 8-4-2 升降式活动车辆甲板

2. 翻转式活动车辆甲板

翻转式活动车辆甲板的一边用铰链连接在船舷边,通过液压缸推动铰链臂把甲板放平或收藏,其另一边用钢丝绳或链条等悬吊在顶部甲板,如图8-4-3所示。

图 8-4-3 翻转式活动车辆甲板

二、活动车辆甲板的操作与维护保养

1. 活动车辆甲板的操作程序

(1)活动车辆甲板的操作应由适任的操作员进行,且有指定人员在上下甲板指挥。

(2)应在适当的位置张贴操作程序。

(3)关于设备操作的所有通信必须清晰,并得到船长的确认,所有参与操作的人员都明确这些通信的方式和内容。

(4)操作前检查周围环境,清除障碍,无关人员远离操作现场。

(5)严格按照操作程序操作,操作完毕后,所有控制箱的钥匙均应取下并放于安全处保管。

(6)操作时,船舶不可有过大的倾斜,能携带车辆升降的活动车辆甲板,应确保车辆装载均匀,并有专人检查。

(7)放妥活动车辆甲板后,应安装好栏杆,以防发生事故;收起活动车辆甲板之前,应先收起栏杆,以免发生损坏。

2.活动车辆甲板的维护保养

(1)能带车辆升降的活动甲板,在使用保养等方面的要求,应类似于对升降机的要求。

(2)舷侧收藏式或不带车辆升降的活动甲板,其甲板强度应与车辆甲板强度相同。在其安放位置上应设有紧固装置,其支持构件应有足够的强度。

(3)升降用的钢丝绳链条等应定期检查、检验、涂油活络。

(4)进出活动甲板的门在活动甲板置于收藏位置时,须自动锁住,防止人员摔落,日常保养时,应检查门的锁闭装置。

(5)活动甲板上的消防报警和自动喷水器等设施,需注意维护,定期试验,使其处于良好技术状态。

第五节
旅客登离船程序

在运输旅客的过程中,安全始终是第一位的。旅客登船和离船,通常时间较紧,人员密集,其安全问题尤为重要。

一、旅客安全登离船的程序

小型客船通常在船舷边栏杆处设置旅客登船口,大型客船则一般在舷侧或首尾设置水密开口,供旅客登离船。滚装客船也根据其船型的大小有所区别,大型滚装客船车辆出入口和旅客登船口是分离的,而小型滚装客船的旅客和车辆通常均通过首尾的水密门登离船。尽管作业方式多种多样,但均应遵循一个基本原则,即旅客登离船与车货的装卸应分离,不能交叉作业。

1.旅客登离船的基本要求

(1)为确保船舶准时开航,一切登离船和装卸作业均应在开航前全部结束。

(2)旅客登船和离船的通道处,船舶不得同时进行起落吊杆等作业,以确保旅客人身及行李、物品安全。

(3)船上应指定人员与港口方面保持联系,协调旅客登离船的安排,准确掌握旅客数量,并注意严禁超员。

(4)加强旅客登离船过程中的管理,维持旅客秩序,以防发生拥挤、踩踏等事件。

(5)未到开航时间,原则上不要提前撤掉登乘梯和安全网,严防旅客跨越舷墙登船。

(6)旅客离船前,客运工作人员应在获得驾驶台指令后,方可开启舷门等登船口,组织旅客有序离船。

2. 旅客登离船的准备工作

船员和客运工作人员应提前做好旅客安全登离船的准备工作,至少应包括以下几个方面:

(1)检查登乘客梯和/或码头设施、客梯安全网的系固情况。

(2)检查船内情况,确保客运设施处于正常状态,走廊、通道等保持畅通。

(3)与港口方面保持联系,提前掌握旅客数量等基本情况。

(4)安排船员和客运工作人员就位,尤其是船内道口、交叉口等处所指派专人照料指挥,维持旅客秩序,防止堵塞。

(5)保持船内通信畅通。

3. 旅客安全登离船的程序

(1)大型客船一般在舷侧或首尾设置水密开口,使用码头上的登乘梯登船(如图8-5-1所示)和离船。

图 8-5-1　旅客通过登乘梯登船

(2)对于滚装客船,如果旅客必须经过车辆舱登离船时,应确保跳板两侧设有符合要求的扶手绳及安全网;不能与装卸车辆交叉进行,一般应遵循上船时先装车后上客(如图8-5-2所示)、下船时先下客后卸车的原则;旅客通过车辆舱时,舱内应保持足够的通风,确保舱内空气达到要求的标准。

图 8-5-2　旅客通过车辆舱登船——先装车后上客

（3）客船的客舱、走廊设计比较复杂，旅客容易迷路，每一层都应安排工作人员指引，并确保逃生路线上畅通无阻。

（4）在实施实名制管理的船舶及客运码头，应安排专人核对旅客信息，并在船舶开航后及时分类统计旅客梳理，并与港口方面交换信息。

4. 对旅客行李的检查

通常，船舶允许旅客免费携带或托运一定重量的行李，但应注意为了船舶和人员安全，除了港口方面的检查外，客船船员也应注意检查旅客的行李、物品，按照法规要求禁止旅客携带或托运某些特殊的物品。

（1）旅客不准携带上船的物品

①违禁品或易燃、易爆、有毒、有腐蚀性、有放射性以及有可能危及船上人身和财产安全的其他危险品；

②各种有臭味、腥味的物品；

③灵柩、尸体、尸骨。

（2）旅客不能办理托运的物品

①违禁品或易燃、易爆、有毒、有腐蚀性、有放射性以及有可能危及船上人身和财产安全的其他危险品；

②污秽、易于损坏和污染其他行李和船舶设备的物品；

③货币、金银、珠宝、有价证券或其他贵重物品；

④活动物、植物；

⑤灵柩、尸体、尸骨。

受各种因素影响，不同地区、不同时期，禁止旅客携带或托运的物品的要求可能有所变化，船舶需关注当地最新规定，提前告知旅客并进行严格检查。

二、对残疾人员及需要援助人员的特殊照顾

1. 登船设施的要求

在船舶与码头之间必须为残疾人员及需要援助人员提供安全的进出方式，登船设施和区域应满足的要求如下：

（1）照明良好。

（2）封闭廊桥或有安全网。

（3）入口处配有具有自亮灯浮和可浮救生索的救生圈。

（4）斜坡的角度不应超过15°。

（5）轮椅斜坡的最大坡度是1∶20。

（6）残疾人员入口处应用国际符号标注。

（7）通道不应有楼梯或阶梯。

2. 主要措施

（1）船员和工作人员应进行相关的培训和指导，熟悉工作流程，并能与残疾人员和需要援助人员进行有效沟通。

（2）了解需特殊照顾旅客的需求，提供具体服务。如对有视觉障碍的旅客应进行口头交流，对有听力障碍的旅客应给予清楚明显的视觉指示和安全信息，对有知觉障碍的旅

客应制定便于援助和理解的特殊区域。

（3）记录残疾人员和紧急情况下需要特殊援助的旅客的详情，并在开航前报告船长。

第六节

滚装货物装卸程序

滚装客船货物的装卸是车辆单元或者借助叉车等辅助工具，依靠跳板、斜坡道、升降机等完成装卸作业。因其结构和装卸方式特殊，滚装客船货物配载计划的编制和车货装卸的实施，需要遵循特有的原则和程序。

一、滚装货物装卸应遵循的原则

（一）保证适度的稳性

滚装客船的结构特殊，船首型线一般较窄，而船尾部因尾部水密开口的需要，在满载水线以上部分外展，水线以下部分要留出足够空间容纳大直径的螺旋桨，因此船舶首倾会导致水线面积显著减小，致使稳性迅速恶化。因此，装卸过程中应合理地压载或使用平衡水舱，使船舶保持适度的稳性，尤其注意避免造成不良首倾。

1977年"海速·多拉"（Seaspeed Dora）号事故，是典型的滚装客船装卸过程稳性恶化导致的事故。该船船长被要求将船舶调至首倾，以便使尾斜跳板架在较高的码头上，该船船尾宽，首倾后水线面积显著减小，横稳性几乎马上消失，车辆装卸时，因重量位移使船舶产生较大横倾，导致船首的一个未关闭燃料舱口大量进水，加剧了船舶稳性的丧失，致使船舶倾覆。

（二）保持船舶左右平衡

滚装客船的跳板、升降机、活动车辆甲板等滚装设施设备，要求船舶在装卸时不能有太大的倾斜，以免车辆装卸时造成较大扭矩，损坏设施设备。因此，应尽可能保持船舶左右平衡，一般控制在横倾5°以内，具体可根据船舶所配备的设备的具体要求，确保跳板、升降机、活动车辆甲板等特殊设备的正常使用。

（三）保证合适的吃水差

滚装客船吃水差的大小直接影响推进器和舵的入水深度，所以，对操纵性能及航速有直接影响。滚装客船首倾时，极易丧失其横稳性，不利于船舶的航行安全，吃水差的大小也会影响到稳性。因此，在配载和装货时，应注意保持一定的尾倾。但是，也应防止尾倾过大，而造成船舶操纵性能变差，偏离航向，船体首部底板受波浪拍击而导致船体受损。此外，装卸时，还需要考虑到跳板等特殊设备的使用要求，保证船舶有合适的吃水差，一般应保持纵倾不大于2°。

（四）保证船舶的局部强度

滚装客船装卸时，除了总纵强度外，还要考虑到局部的变形或损坏和跳板等滚装设施设备所承受的负荷。

对于重型机械和其他重大件,应注意做好衬垫,通过增大接触面积来减小单位面积上的负荷,并应注意不要将其装在水密舱盖、活动车辆甲板等处;对于重大件或者因堆装而可能造成局部承载过重的情况,应及时进行甲板局部受力校验;车辆在跳板、斜坡道上,应注意限速,以减小冲击负荷。此外,对于老旧船舶,应综合考虑甲板锈蚀等原因造成的强度损耗,对局部承载能力弱的部分应降低使用频率。

(五)保证安全高效装卸

安全高效装卸的前提是车货的合理配积载,尤其是有多个挂靠港的航线,应按照车货装卸港口顺序合理安排舱位,避免先卸车货被后卸货物堵住。此外,还应考虑特殊车货对舱位的要求,如冷藏货物需要有合适的温度、湿度,较好的通风条件及良好的卫生环境,还应保证舱位的清洁、隔热和有电源插座等;重大件货物,除考虑舱容影响外,还需考虑其对稳性、吃水差和强度的影响。

装卸过程中,应根据配载计划和现场情况确定车辆装卸的顺序,合理指挥、有序装卸,避免车辆在船堵塞。

二、滚装货物装卸的程序

(一)滚装货物装卸的设施设备

滚装客船承运的货物包括公路车辆、铁路车辆等轮式货物,也可能载运集装箱、件杂货等货物,后者需要使用牵引车、叉车等辅助工具。

船舶与码头间的交通联系主要由跳板来完成,滚装货物通过跳板来往于码头和船舶之间。船舶内部上、下层货舱之间的联系主要由斜坡道、升降机来完成。为了更加有效地利用舱容,有的滚装客船在舱室内设有活动车辆甲板,以提高装载能力。

(二)滚装货物装卸的基本流程

1. 对装船车货进行安全检查

目前,多数滚装码头配备专用的车辆安全检查系统,如图8-6-1所示,对车辆和货物在装船前进行检查,确保其中没有夹带危险品等情况。工作人员在码头边,还应对车辆的状况做基本的检查,包括车辆本身是否有泄漏、车上货物的绑扎情况等,车况不好的禁止登船;并应告知司机减速行驶、听从工作人员的指挥、舱内严禁鸣笛等注意事项。除司机外,其他人员严禁随车上船。

图8-6-1 滚装码头车辆安全检查系统

2. 指挥车辆装船

工作人员应戴好安全帽、穿着反光背心,并可使用闪光棒、哨子等工具指挥车辆有序装船,如图 8-6-2 所示,必要时增加工作人员协助指挥,以保证车辆驾驶员能够看到指挥信号。应注意,同一跳板或坡道上只允许一辆车通行,其他车辆应依次排队等候。船舶内外从事指挥的船员间应保持通信畅通,指挥人员切忌位于车辆正前方或正后方或司机其他可能的盲区内。

图 8-6-2　指挥车辆装船

3. 车货的绑扎系固

车辆停在指定位置,刹车、熄火,车辆驾驶员出驾驶室后,船员或工作人员才可以开始进行绑扎系固作业。应注意针对不同的车辆,选择合适、足够的绑扎器材,确保车货在船舶航行过程中不会发生移动。

三、滚装货物装卸的安全措施

(一)作业人员的安全防护

从事车货装卸作业的工作人员,应经过专门的技术培训和安全培训,知晓车货装卸过程的作业风险,并按规定配备各种防护设备和器材。如穿着颜色鲜明的反光防护服,以引起车辆司机的注意;戴安全帽、劳保手套,穿安全鞋等劳保用品,防止人身伤害。

指挥车辆就位的人员,站位、姿势必须正确,严禁后退行走,严禁置身于车辆正前方、正后方及司机其他可能的盲区内,以防发生意外。作业过程中,工作人员严禁闲谈,保证注意力高度集中,警惕任何潜在危险,确保自身及他人的人身安全。

(二)限制车辆的行进速度

车速过快是造成船员或其他人员伤亡的主要原因之一。车速过快,可能对跳板等设备造成过大的冲击力,另外,也影响司机的判断,可能造成车辆碰撞等事故。因此,车辆装船前,工作人员应提醒司机谨慎限速行驶,确保车辆和人员安全。

(三)保障足够的照明

装卸车过程中,要保证舱内的照明设备完好,使之具备足够的照明。另外,还应注意的是,过高的车辆和货物,可能会遮挡灯光,影响司机的观察。因此,除了保证照明外,工作人员应穿着颜色鲜明的反光防护服,使用闪光棒、哨子等工具,确保自己及发出的指挥信号容易被车辆司机发觉;而驾驶员也应通过上述手段让场地工作人员警觉车辆的运动。

例如,采用可以从任何角度观察到的转动式黄色光柱,使在码头或在滚装客船上作业的机动车辆比只会直射灯光的其他交通车辆更令人注意。此外,应在各种码头车辆上安装倒车警告声光信号装置,使其在确保码头和船舱内进行作业的人员的生命安全方面可以发挥更大的作用。

(四)降低噪声和废气灰尘对人身安全的影响

保护作业人员的听力也是不容忽视的,装卸机械发动机的轰鸣和机舱内传来的噪声都会造成人员的听力下降或失灵。目前,普遍采用的方法是规定滚装处所作业人员只有戴上护听器才能进入操作现场。

机动车辆发动机喷出的废气,会对人的健康产生很大影响,由于场地狭小、空间有限,在舱内聚积的废气难以及时散发。因此,安全人员应该定时测算舱内的废气浓度是否超过危险警戒线,同时要采取有效的通风措施把废气排除到舱外。

滚装客船码头差异很大,有水泥坪、沥青面、砖石地和沙子地,来往车辆频繁,尘土飞扬,大量灰尘被车辆带入舱内,既影响人的身体健康,又降低照明设备的效果。因此,应当经常清洁照明设备,清理工作场所,保证工作环境清洁。

(五)保证各种规章制度的切实执行

鉴于各种事故所带来的惨痛教训,主管机关制定了各种安全法规并提出了一些要求,船公司也依法建立了各种安全管理制度和安全操作规程,如对车辆的安全检查、车辆限速/限高、人车分离要求、车辆绑扎系固要求等,船员和其他工作人员应认真落实,严格执行。

(六)对特殊货物制定合理方案

船舶在装运特殊货物时,应考虑其对舱位的特殊要求,如装载家畜的卡车对温度、湿度和通风的特殊要求,冷藏车对隔热和电源的要求。特别应注意重大件的装卸,应事先制定专门方案,经多方论证评估后实施,并应暂停其他车货装卸,谨慎指挥其装船,如图8-6-3所示。

图8-6-3 重大件车货的装船

第九章
滚装货物作业

适用范围：T063。

　　滚装货物的安全运输一直是业内极为重视的一个问题。滚装货物的特殊性，需要船舶驾驶和管理人员，以及车货装卸和管理人员掌握公约和法规对于车辆装载处所的作业要求，根据车辆和货物的特点合理地进行配积载，并能根据《船舶货物系固手册》的要求和实际情况进行有效的绑扎系固。在航行途中，能采取正确方式对车辆舱进行监视和对车货进行照管，以防车货移位等。

第一节

CSS 规则与货物系固手册

一、货物积载和系固安全操作规则

　　IMO 高度重视船舶货物的安全运输。在对大量海运事故进行调查分析的基础上，于1991 年 11 月举办的 IMO 第十七届大会上通过了 A.714(17)号决议，即《货物积载和系固安全操作规则》(Code of Safe Practice for Cargo Stowage and Securing，简称 CSS 规则)。

　　IMO 制定 CSS 规则的目的包括：提请船舶所有人和经营人要确保船舶适合其预定的用途；提出船舶应配备合适货物系固设备的建议；提供货物堆装和系固的一般建议以减少船舶和人员的风险；对在堆装和系固上存在困难和具有潜在危险的典型货物给出具体建议；提出了在恶劣海况下可采取的行动以及货物移动可采取的补救行动的建议。

CSS 规则适用于装载除散装固体、散装液体货物和木材甲板货物以外的货物,特别是实践已经证明在积载和系固上会造成困难的货物,因此适用于滚装客船。IMO 分别于1994 年、2002 年、2010 年对其进行修订。CSS 规则已经列入 SOLAS 公约,作为对公约适应范围内船舶的强制性要求。

1. 主要术语和定义

(1)货物单元

货物单元(Cargo unit)系指车辆(公路车辆、滚装拖车等)、铁路车辆、集装箱、板材、成组货、可移动罐柜、包装单元或其他实体,包括属于但不是永久性固定于船上的装货设备及其部件。

(2)标准货物

标准货物(Standardized cargo)指用已根据货物单元的特定形式在船上设置了经批准的系固系统的货物,如集装箱船上的集装箱等。

(3)半标准货物

半标准货物(Semi-standardized cargo)指在船上设置的系固系统仅适应有限变化的货物单元。滚装客船运输的车辆、拖车等滚装货物属于半标准货物。

(4)非标准货物

非标准货物(Non-standardized cargo)指需要专门的装载和系固安排的货物,如杂货船上运输的重大件等货物。

(5)货物系固设备

货物系固设备(Cargo securing device)是指所有用于系固和支撑货物单元的固定式和便携式设备,如甲板地令,钢丝绳,钢链,集装箱系固用的绑扎杆、扭锁等。

(6)最大系固负荷

最大系固负荷(MSL)是指船上各种货物系固设备的许用负荷。如果其安全工作负荷(SWL)满足 $SWL \geq MSL$ 时,可以用 SWL 代替 MSL。

2. CSS 规则的章节结构

CSS 规则共包括七章和十四个附则,其章节名称和适用的货物类型如表 9-1-1 所示。

表 9-1-1 CSS 规则章节名称和适用的货物类型

章节名称	适用货物类型		
	标准货	半标准货	非标准货
第 1 章 总则	*	*	*
第 2 章 货物安全堆装和系固原则	*	*	*
第 3 章 标准化货物的堆装和系固	*	—	—
第 4 章 半标准化货物的堆装和系固	—	*	—
第 5 章 非标准化货物的堆装和系固	—	—	*
第 6 章 在恶劣气候中可能采取的行动	*	*	*

(续表)

章节名称	适用货物类型		
	标准货	半标准货	非标准货
第7章　货物移位时可采取的行动	*	*	*
附则1　非为运输集装箱而专门设计和装备用于运输集装箱的船舶甲板上的集装箱的安全堆装和系固	—	—	*
附则2　移动式罐柜的安全堆装和系固	—	—	*
附则3　移动式容器的安全堆装和系固	—	—	*
附则4　轮载(滚动)货物的安全堆装和系固	—	*	*
附则5　机车、变压器等重件货的安全堆装和系固	—	—	*
附则6　成卷钢板的安全堆装和系固	—	—	*
附则7　重金属制品的安全堆装和系固	—	—	*
附则8　锚链的安全堆装和系固	—	—	*
附则9　散装金属废料的安全堆装和系固	—	—	(*)
附则10　挠性中间散装容器的安全堆装和系固	—	—	*
附则11　甲板下原木的安全堆装和系固	—	—	*
附则12　成组货物的安全堆装和系固	—	—	*
附则13　对非标准货绑扎装置有效性的评估方法	—	(*)	*
附则14　甲板集装箱安全系固作业指南	*	—	—

注：* 表示适用；— 表示不适用；(*)表示可根据具体情况选用。

3. CSS 规则的一般原则

(1)所有货物的积载和系固均不应对船舶和船上人员造成风险。

(2)货物的安全积载和系固取决于适当的计划、实施和监督。

(3)担任货物积载和系固任务的人员应有适当的资格和经验。

4. 货物的安全积载和系固原则

(1)货物的适运性

装在集装箱、公路车辆、火车车厢和其他货物运输装置里的货物,其在这些装置中的装填和系固,应能在整个航次中防止对船舶、船上人员和海洋环境造成损害或危险。

(2)合适的积载

货物的积载应能确保在整个航次中船舶稳性保持在可接受的限制内,以尽可能防止出现过大加速度而造成危险。同时,货物的积载不应对船舶结构造成不利影响。

(3)货物的系固装置

应特别注意,在货物系固装置间力的分布应尽可能均匀,如果做不到,则这些装置应相应加固。如果由于系固装置的复杂结构或其他情况,负责人不能根据经验和良好船艺知识来确定该装置的适当性,而应使用可接受的计算方法对装置加以验证。

（4）磨损后的剩余强度

系固装置和设备应有足够的剩余强度，可在使用寿命期间经受住正常的磨损。

（5）摩擦力

如果货物和船舶甲板或结构或货物运输装置间的摩擦力不足以避免滑动的危险，则应使用软板或橡胶之类的适合的材料来增大摩擦力。

（6）海上监督

防止货物不当积载和系固的主要方法是监督装货作业和检查积载。可能时，应在整个航行期间对货物处所进行定期检查，以确保货物、车辆和货物运输装置保持安全系固状态。

（7）进入围蔽处所的安全措施

围蔽处所的空气较稀薄，可能不足以维持人的生命，其中还可能含有易燃、易爆或有毒气体。船长应确保进入任何围蔽处所的人员安全。

（8）船长应考虑的一般要素

在评估货物移动的风险后，船长应在任何货物装船之前确保：

①甲板积载区域尽可能清洁、干燥并没有油脂；

②货物应处于适合运输的状态，并能有效地系固；

③船上备有所有必需的货物系固设备并处于良好的工作状态；

④在货物运输装置和车辆之中或之上的货物应尽可能被适当积载并系固在装置上。

（9）货物积载和系固声明书

适当可行时，道路车辆应备有货物积载和系固声明书，声明道路车辆上的货物已根据IMO/ILO 货物集装箱或车辆中装货指南为预定的海上航次做了适当的积载和系固。图9-1-1 为货物积载和系固声明书的范例。

货物积载和系固声明书
CARGO STOWAGE AND SECURING DECLARATION

车辆编号 Vehicle No. _____
装货地点 Place of loading _____
装货日期 Date of loading _____
货物名称 Commodity(ies) _____

　　上述车辆中的货物已经根据海事组织/劳工组织货运集装箱或车辆中装货指南为海上运输进行适当积载和系固，特此声明。I hereby declare that the cargo on the above-mentioned vehicle has been properly stowed and secured for transport by sea, by taking into account the IMO/ILO Guidelines for Packing Cargo in Freight Containers or Vehicles.

签字 Name of signatory _____
职务 Status _____
地点 Place _____ 日期 Date _____

装货代表签字 Signature on behalf of the packer _____
备注 Remark _____
_____
_____

图 9-1-1　货物积载和系固声明书的范例

5. 在恶劣气候中货物移位时可采取的行动

(1)通过改向、减速等措施以减小加速度和震动。

(2)监视船舶的完整性。

(3)在保证船员和船舶安全的前提下,重新积载或重新系固货物,并在可能时增大摩擦力。

(4)改变航向,以寻找避风锚地或较好的气候和海况。

只有在船舶有适当稳性时,才能考虑液舱加压载或卸压载作业的措施。

二、货物系固手册

SOLAS 公约要求,在整个航程中,除散装固体和液体货物以外的所有货物、货物单元和货物运输单元,应按主管机关认可的货物系固手册(Cargo Securing Manual,CSM)进行装载、积载和系固。对于具有滚装处所的船舶,应在离开泊位之前按货物系固手册完成所有这些货物、货物单元和货物运输单元的系固。货物系固手册的编制标准应至少等效于 IMO 制定的相关指南。

我国海事主管机关根据 SOLAS 公约的要求,先后发布了《关于国际航行船舶〈配备货物系固手册〉有关事项的通知》《国际航行船舶〈货物系固手册〉审批规定》《关于船舶配备国内航行船舶货物系固手册的通知》等文件,要求各公司根据所属船舶的实际情况,按 SOLAS 公约的要求编写货物系固手册,并由主管机关批准,用来作为船舶系固工作的指南。

1. CSM 的内容要求

(1)符合 IMO《货物系固手册的编制指南》(MSC. 1/Circ. 1353),但可免去不适用部分,并可根据船种不同增加必要内容或细化某些部分。

(2)专门载运标准货的船舶,如需载运非标准货,则应增添该部分内容;散货船如需载运非散装货物,则应备有适用于该类货物的货物系固手册。

(3)系固设备应能满足本船舶拟载货物的功能和强度标准。

(4)应与船舶稳性报告书、载重线证书、船舶装载手册和 IMDG 规则的要求相一致。

(5)应载明在恶劣天气和海况下,船舶所受横向、纵向和垂向力可能增大时,用于加强系固单元货、集装箱、车辆和其他货物的索具及其配备。

(6)对各种类型的货物系固设备应列出包括最大安全负荷在内的有关数据,并要求备妥使用维修说明。

2. CSM 的基本内容

IMO《货物系固手册的编制指南》(MSC. 1/Circ. 1353)及各国主管机关或船级社制定的编制指南,对于 CSM 的格式和基本内容的要求大同小异。CSM 的基本内容主要包括:

(1)总则,包括手册编制的依据、定义、注意事项及其他。

(2)货物积载和系固的原则。

(3)船舶系固设备及其布置,包括固定式、便携式系固设备,以及设备的检查与维护管理。

(4)各种货物(标准化、半标准化、非标准化货物)的积载和系固操作指南,包括操作与安全须知,对作用在货物单元上的力的估算,装载各种货物单元、车辆和货物堆垛时便携式系固设备的应用等。

（5）货物安全通道的布置。

（6）附件,包括系固设备的更新、检查、维护保养记录,以及 CSS 规则各项附则的相关知识。

第二节
滚装货物的积载

一、甲板积载因数

(一)甲板积载因数的概念

货物的积载因数(Stowage factor)是指每吨货物的量尺体积或所占舱容,分为包括亏舱的积载因数和不包括亏舱的积载因数。对于普通客货船而言,其实质就是普通件杂货的运输,在此不做赘述。本节主要讨论滚装客船车辆甲板的积载因数问题。

对于滚装客船来讲,甲板装载货物多为车辆,因此可以引入"车辆甲板积载因数"的概念,并且采用包含亏舱的车辆甲板积载因数,即每一货物单元(车辆)所占的甲板长度,其中包含车辆间的安全距离。

(二)车辆装载量

每列装载线的车辆装载量可用式(9-2-1)计算获得,总装车量即为每列装载线的装车量之和。

$$每列装载线的装车量=\frac{每列装载线的总长度}{包含亏舱的车辆甲板积载因数} \quad (9-2-1)$$

实际工作中,船舶设计单位通常提供车辆甲板的装载线(车道)长度以及每层甲板、每列装载线的长度等资料。表 9-2-1 是某滚装客船车辆甲板装载线及其对应的轿车和拖车装车量。

表 9-2-1　某滚装客船车辆甲板装载线及其对应的轿车和拖车装车量

(a)轿车装车量									
STOWAGE LENGTH FOR CARS									
SPACE	LENGTH OF LANE IN METER								
	CAR LANE NR（NUMBERED FORM PS）								
	1	2	3	4	5	6	7	8	9	总数
DECK3	91.2	107.2	107.2	121.1	68.0	121.1	111.5	102.3	91.2	920.8
DECK2	—	—	22.0	22.0	22.0	17.8	—	—	—	83.8
DECK1	—	—	22.0	39.0	44.3	40.4	18.0	—	—	163.7

（续表）

GRAND TOTAL				1 168.3

CAR CAPACITY（5.00 m×2.25 m. SLOTS）				
LOCATION	NR	CENTER OF GRAVITY		
		LCG FROM APP（m）	VCG ABOVE BASE（m）	TCG FORM CL（m）
DECK1 AFT	15	67.54	2.95	−2.50
DECK1 FWD	16	87.07	2.95	0.11
DECK2	15	67.54	5.84	−2.50
DECK3	180	85.28	9.2	0.01

（b）拖车装车量

STOWAGE LENGTH FOR TRAILERS								
SPACE	LENGTH OF LANE IN METER							
	CAR TRAILERS NR（NUMBERED FORM PS）							
	1	2	3	4	5	6	7	TOTAL
DECK3	60.6	107.2	102.2	68.0	119.3	110.5	90.6	658.4
DECK1	32.7	44.6	41.3	10.3				128.9
GRAND TOTAL								787.3

TRAILER CAPACITY（10.00 m×3.10 m. SLOTS）				
LOCATION	NR	LCG FROM APP（m）	VCG ABOVE BASE（m）	TCG FROM CL（m）
DECK1 AFT	6	67.82	4.25	−1.56
DECK2 FWD	6	87.00	4.25	0.00
DECK3	6	56.05	10.50	0.09

从表中装载线的长度和装车量的关系中可以看出，车辆间的安全距离并非一个定值，其值需根据船舶实际情况确定，在实际工作中，还需要考虑内部和外部的各种环境影响，如船舶的操纵性能、纵倾与横倾的情况、船舶承载的车辆总数、船舶绑扎系固设备的情况，以及气象、海况等。

还需要注意的是，滚装客船所承载的车辆并不一定都是标准车型，各种车辆混装的情况极为常见。船舶驾驶与管理人员需根据船舶实际情况，合理地确定车辆间的安全距离，并注意车辆的分布顺序。

二、滚装货物的积载

（一）积载的注意事项

船舶驾驶和管理人员必须掌握船舶的安全技术参数，根据车辆甲板车道的整体情况和载重要求，遵循提供人行和消防通道、防止车辆翻倾移位兼顾的原则，进行合理的积载。

（1）装运前，船舶驾驶和管理人员应获得车辆和货物的必要资料，以确保车辆和货物适合于本船运输，本船适合于装运该车辆和货物；在预定航次期间的所有预计情况下，车辆和货物能在船上安全积载、系固和运输。

（2）滚装货物单元应尽可能地装载于系固设备充分、合理、可靠的区域，系固装置不足的区域尽可能避免装载，如需装载，应加强系固。

（3）滚装货物单元应沿船长方向积载，若必须横向积载，应加强系固；应保持车辆横向排满，从空间上限制车辆的翻倾和移位。

（4）各种车辆混装时，同一类型的车辆尽可能横向在同一排，避免大车和小车在同一排排列；货车的车厢与车厢之间，横向上尽可能对齐；重型车辆、重大件和高大件货物应尽量装载于首尾线附近区域。

（5）尽量不要进行堆码装载，如需进行则必须按货物系固手册的要求，对其尺度堆码质量、高度及甲板局部强度及对船舶稳性的影响等进行严格监督核查。

（6）货物积载应尽量留出一定的富余空间，以利于组织绑扎和巡视和检查；消防器材（如消火栓、灭火器箱等）附近应留出足够的工作空间。

（二）常用积载方法

滚装船通常有逆时针积载法、顺时针积载法、车头朝门积载法等，可以作为滚装客船的有效借鉴。

1. 逆时针积载法和顺时针积载法

如图 9-2-1 所示，考虑到国内一般驾驶座在车的左侧，装载时除①区外，适宜采用按②至⑥的顺序逆时针积载的方法，对于图示的每一个积载区域来说，这种方式在卸货时能提供宽敞的空间打开车门，使驾驶员很容易进入第一辆要卸载的车辆。①积载区可视情况最后倒车装载。

如果车辆的驾驶座在右侧，装载时应按顺时针方向进行，顺时针积载法与逆时针积载法原理相同，但方向相反。

2. 车头朝门积载法

如图 9-2-2 所示，卸货顺序为①至④。车头朝门的积载法适用于舱内较狭窄或弯道较急的地方，在此类舱室内不适合用逆时针积载的方法，需特殊积载，如有必要，还应倒车装载。

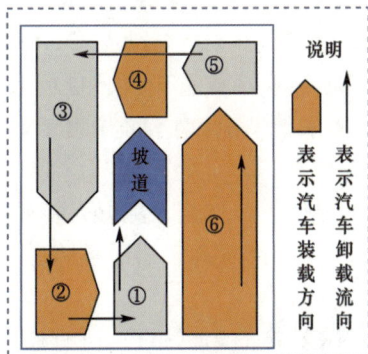

图 9-2-1　逆时针积载法示意图

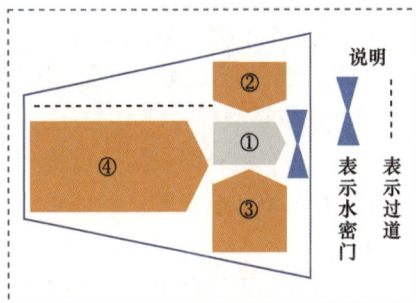

图 9-2-2　车头朝门积载法示意图

三、装运危险货物的特殊防护要求

(一)法规的相关要求

目前,从国际公约的角度,虽然没有禁止客船和滚装客船运输危险货物的明确规定,但对其载运的危险货物类型、数量和条件都严格限制,并有特殊要求。我国相关法规对此要求则更为严格,列举如下:

1.《国内水路运输管理规定》(交通运输部令 2020 年第 4 号修订)

第二十三条规定:水路运输经营者应该按照《船舶营业运输证》标定的载客定额、载货定额和经营范围从事旅客和货物运输,不得超载。水路运输经营者使用客货船或者滚装客船载运危险货物时,不得载运旅客,但按照相关规定随船押运货物的人员和滚装车辆的司机除外。

第二十六条规定:水路旅客运输业务经营者应当拒绝携带国家规定的危险物品及其他禁止携带的物品的旅客乘船。船舶开航后发现旅客随船携带有危险物品及其他禁止携带的物品的,应当妥善处理,旅客应当予以配合。

2.《海上滚装船舶安全监督管理规定》(2019 年 9 月 1 日起施行)

第十二条规定:滚装船舶载运危险货物或者装载危险货物的车辆,还应当遵守《船舶载运危险货物安全监督管理规定》。

第二十一条规定:搭乘滚装船舶的车辆应当按照规定在港口接受安全检查。对检查发现有谎报、瞒报危险货物行为的车辆,不得允许其上船。

3.《船舶载运危险货物安全监督管理规定》(交通运输部令 2018 年第 11 号)

第八条规定:取得相应资质的客货船或者滚装客船载运危险货物时,不得载运旅客,但按照相关规定随车押运人员和滚装车辆的司机除外。其他客船禁止载运危险货物。

综上,按照我国法规的规定,滚装客船在载运旅客时,不能装载危险货物。如果未载运旅客,仅用作滚装船装载危险货物时,需按照公约和法规的要求进行积载与隔离,并向海事管理机构等部门申报。在运输过程中,应相应地采取防护程序和措施。

(二)危险货物车辆积载的特殊要求

(1)应严格按照 IMO《国际海运危险货物规则》(IMDG 规则)和我国《水路危险货物运输规则》及其他法规和标准的要求制订积载和隔离计划,并获得主管机关的认可。内含残余物的空的货物单元应视为满载货物单元一样积载。

(2)危险品滚装货物在装船前应检查其外部有无损坏继续或有无内装货物渗漏、撒漏现象。如果发现任何货物运输组件有损坏、渗漏或撒漏等情况,均不准予以承运,直至进行有效的修理或将破损包件清除为止。

(3)危险货物车辆在滚装运输过程中,其发动机的排气管应加装火星熄灭装置。

(4)危险品的装卸应在船上具体负责人员的监督下进行,所有装船的危险品滚装货物均应严格登记。

(5)旅客和其他未经许可的人员不得进入装有危险货物的车辆甲板,所有通向这些甲板的水密门在航行期间必须保持关闭,在这些甲板的入口处应设有明显的通告或标牌,注明不得进入这些甲板。

（6）车辆甲板与机器、起居处所之间的开口应关闭紧固，以防止危险气体和液体侵入。

（7）确保封闭的滚装处所或特种处所保持机械通风。

（8）当危险货物积载在滚装或特种处所时，安装在任何单元的机械制冷或加热设备在航行期间均不应运转。

（三）危险货物车辆的隔离要求

危险货物车辆的隔离，应首先满足 IMDG 规则等法规的要求。对于不同隔离要求的车辆，应按较严格的隔离要求执行。国内运输的滚装客船，可参照中华人民共和国交通运输部《滚装船舶载运危险货物车辆积载与隔离技术要求》（JT/T 786—2010）的要求进行隔离。

第三节
滚装货物的绑扎系固

对所有滚装货物而言，绑扎系固应能在选择合理的区域，适当的系固装置、器材的前提下，运用科学、有效的方法系固货物，防止其因外力作用而发生移动，并应力求操作简便、安全、有效。

一、货物系固设备

货物系固设备是指所有用于系固和支持货物单元的设备。货物系固设备从数量和强度方面，应适于船舶所载运的货物单元且操作简便，并应获得定期的检查和维护保养，处于良好的工作状态。

货物系固设备分为固定式系固设备和便携式系固设备两种。

（一）固定式系固设备

固定式系固设备是指焊接在甲板、舱盖与支柱上的货物系固点及其支撑结构。

1. 系固底座

滚装客船车辆甲板上常用的主要是系固底座，如图 9-3-1 所示。这种底座主要用于车辆甲板，一般是采用埋入式安装于甲板，也有突出于甲板安装的，其结构表面略高于甲板。

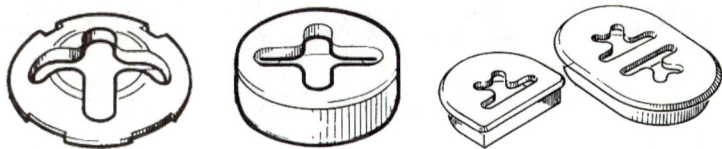

图 9-3-1　系固底座

2. 可折地令

部分滚装客船甲板上还安装有可折地令（也称 D 形环），其形状如图 9-3-2 所示。

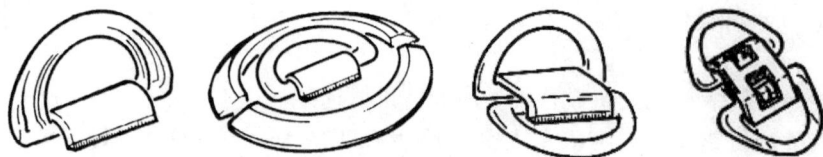

图 9-3-2　可折地令

3. 眼板

此外,舱壁、强肋骨、支柱等位置通常还设有眼板等装置,其形状如图 9-3-3 所示。

图 9-3-3　各种不同类型的眼板

(二)便携式系固设备

1. 系固链条和链条收紧器

系固链条和链条收紧器如图 9-3-4 所示,通过链条收紧器(也称"紧链器")配合,可系紧货物。

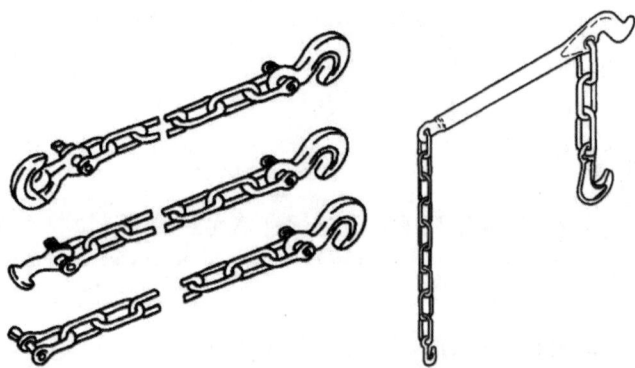

(a)系固链条　　　　(b)链条收紧器

图 9-3-4　系固链条和链条收紧器

2. 绑扎带和绑扎环

绑扎带是系固车辆和滚装拖车等的专用设备,绑扎环可配备使用,绑扎没有系固点的车辆,以减小对保险杠损坏的风险,其基本形式如图 9-3-5 所示。

图 9-3-5　绑扎带和绑扎环

3. 系固钢丝和快速释放紧索器

如图 9-3-6 所示,系固钢丝的两段可以用眼环连接象脚和货钩等,快速释放紧索器用于收紧和快速释放系固钢丝,有时也可以使用花篮螺丝。

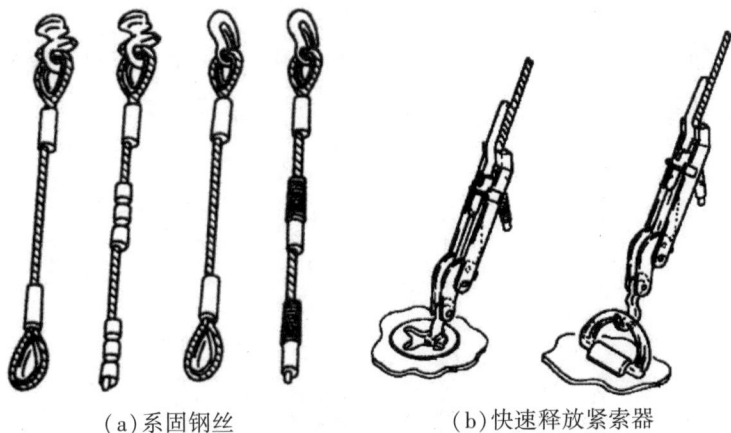

(a)系固钢丝　　　　　　(b)快速释放紧索器

图 9-3-6　系固钢丝和快速释放紧索器

4. 象脚

象脚插入底座并通过其与其他便携式系固设备相连接,如图 9-3-7 所示。

图 9-3-7　象脚

5. 拖车支架和千斤顶

拖车支架和千斤顶用于支撑、固定拖车,如图 9-3-8 所示。

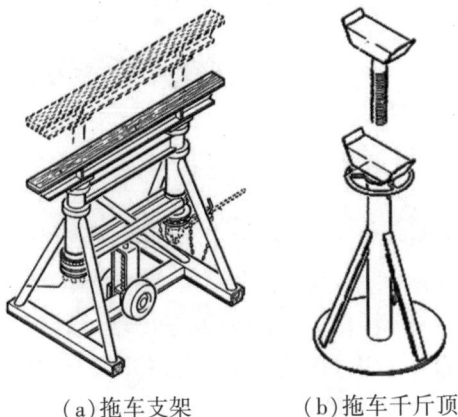

(a)拖车支架　　　　　　(b)拖车千斤顶

图 9-3-8　拖车支架和千斤顶

此外,滚装货物绑扎时,还会用到固定车轮的轮楔和防滑的软板或橡胶等器材。

(三)便携式系固设备的配套使用

根据滚装车辆和货物情况、船舶固定系固设备以及其他现场情况的要求,便携式系固设备可以配套使用,例如:

(1)系固链条、紧链器及象脚配套使用,并利用紧链器收紧系固链条,如图 9-3-9(a)所示;

(2)系固钢丝、花篮螺丝与象脚配套使用,如图 9-3-9(b)所示;

（3）系固链条、花篮螺丝与象脚配套使用，如图 9-3-9(c) 所示；

（4）系固钢丝与快速释放紧索器及象脚配套使用，并利用快速释放紧索器收紧系固钢丝，如图 9-3-9(d) 所示。

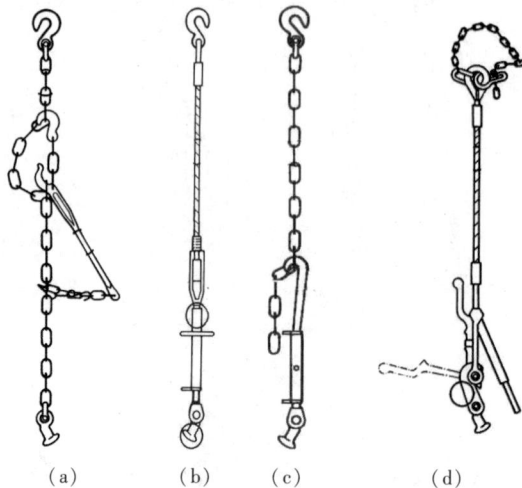

（a）　　　（b）　　（c）　　　　　（d）

图 9-3-9　便携式系固设备的配套使用

二、滚装货物的系固安排

CSS 规则要求船方应能对装在集装箱、车辆和其他货物运输装置中的货物，检查其货物特性、运输要求、特殊系固要求、是否具有合适的系固点、是否已经积载绑扎牢固等，确保货物适运。因滚装运输中以公路车辆运输为主，IMO 对此提出了相应的要求。

1. 对公路车辆的定义

公路车辆包括商用机动车辆、半拖车、公路列车（含铰接的公路列车）及车辆的组合体等，其中：

（1）商用机动车辆系指根据其设计和作用主要运输货物的机动车辆，还可以牵引拖车。

（2）半拖车系指按设计同牵引车辆连接在一起的拖车，并且构成牵引车辆总重量的重要部分。

（3）公路列车系指机动车辆和用牵引杆连接的一辆或多辆独立拖车的组合。

（4）连接式道路列车系指半拖车牵引车辆同半拖车的组合。

（5）车辆的组合体系指机动车辆连接一辆或多辆拖车。

对公路车辆上的系固点而言，道路列车和车辆组合的每辆车应被视为单独的车辆。

2. 船舶甲板上的系固点

如图 9-3-10 所示，具体要求如下：

（1）纵向系固点之间的距离一般不超过 2.5 m，但是船首和船尾部分系固点之间的距离可能需要比船中部系固点之间的距离小些；

（2）系固点横向距离应不小于 2.8 m，但不大于 3 m，但是船首和船尾部分系固点之间的距离可能需要比船中部系固点之间的距离小些；

（3）每个系固点长期不变形的最小强度应为 120 kN，如果设计的系固点服务于一根以上的(Y根)绑绳,则相应强度不小于$Y×120$ kN。

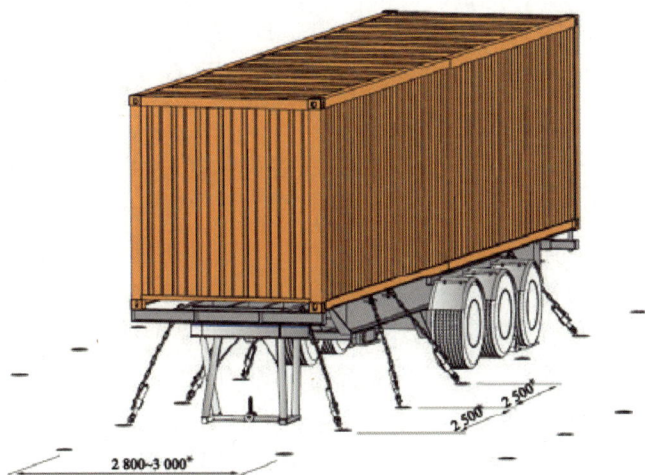

图 9-3-10 车辆甲板上的系固点

3. 公路车辆上的系固点

根据 IMO《在滚装船上运输公路车辆的系固装置指南》的规定,公路车辆每一侧应具有相同数量的、不少于 2 个但不多于 6 个的、用颜色清晰标识的系固点,其内孔径不得小于 80 mm,系固点的最小数量和最小强度应满足表 9-3-1 的要求。

表 9-3-1 车辆系固点的最小数量和最小强度要求

车辆总毛重(GVM)	车辆系固点每侧最小数量(个)	长期不变形的最小强度
3.5 t ≤GVM≤20 t	2	$\dfrac{GVM×10×1.2}{N}$
20 t<GVM≤30 t	3	
30 t<GVM≤40 t	4	

注:N 为道路车辆每侧系固点的总数目。

对于拖挂车而言,表 9-3-1 适用于机动车和每一挂车,但不适用于半挂车的牵引车,半挂车的牵引车应当在其前部设置 2 个系固点(可代替表中 2 个系固点),其强度应能足以防止车辆前部的横向移动。如果利用牵引装置系固除半挂车的牵引以外的车辆,牵引装置不能代替或取代表 9-3-1 中的系固点要求。

4. 绑绳的使用

(1)车辆上任何一个系固点穿孔应该仅用一根绑绳绑扎;

(2)绑绳仅应该捆扎在用于该目的的系固点上;

(3)系固点上绑绳的捆扎使绑绳同垂直面和水平面的角度最好为 30°~60°;

(4)根据船舶的特点与预期计划航次的天气状况,船长应决定每个航次所用系固点与绑绳的数量。

三、滚装货物绑扎系固作业

1. 一般要求

（1）为了防止不适当地积载和系固货物，船上人员应监督货物的系固操作过程。从事绑扎作业的工作人员应熟悉船舶货物系固手册，了解该船固定和活动系固设备及其强度的清单、系固作业操作方法、要求、注意事项等具体指导，以及推荐的滚装货物系固方案、系固有效性评估计算表格等。

（2）作业前应确保车辆装载处所干燥、清洁、无油渍；应检查滚装货物上是否有合适、明显的系固点标识或可用于系固的足够强度的其他等效装置；应检查车上的货物已被适当地系固于车上，车辆上活动部件已经系牢。

（3）为防止车辆移动，尽量将车辆顺着船首尾方向装载，如果不可避免地只能横向装载，则应提供足够强度的额外系固。

（4）车辆在装载位置应确保完全制动，车轮应用楔子塞牢止动；对于摩擦力较小的车轮或货物，应铺垫软板、橡胶垫等增加其摩擦力的材料。

（5）可能时，作为货物组成部分装运的滚装货物，应紧靠船舷积载或装在备有足够强度的足够的系固点的位置上，或在整个货物处所中塞紧装载。

（6）为防止没有合适系固点的滚装货物的任何横向移动，在可行时，这些货物应紧靠船舷并相互紧靠装载，或由其他合适的成组货物如已满载集装箱等挡住。

（7）系固作业时，系索应采用其强度和拉伸特性至少等同于钢链或钢丝绳的索具；系索只能系于车轮的专用系固点上，每个孔只能使用一根系索。

2. 绑扎作业要领

（1）为了防止车辆左右移位和前后移位，在条件允许的情况下应该在车辆的前后方采用正八字的绑扎系固，或者采用 V 字、X 字绑扎，如图 9-3-11 所示；车辆两侧也应该采用正八字或倒八字的绑扎方法进行绑扎，并保持对称性。绑绳数量应根据其破断负荷和汽车总重量来确定。

图 9-3-11　车辆绑扎的方式

（2）绑扎时应让绑绳在水平和垂直的方向上保持 30°～60°，45° 为最佳，如图 9-3-12 所示。对于重心较低的货物，绑扎的要点应是防止其在甲板上发生滑动，最佳的绳索绑扎角度是与水平面呈 25°；对于重心较高的货物，绑扎的要点除了考虑防止其滑动外，还应重点考虑有效地防止翻倒,防止翻倒的最佳绑扎角度一般为 45°~60°。

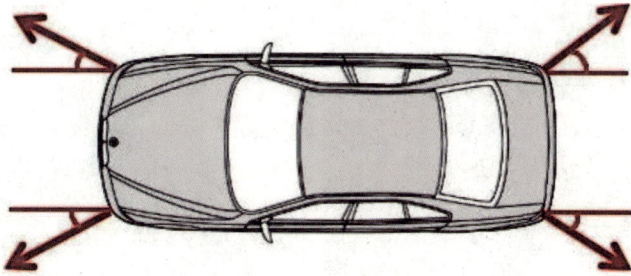

图 9-3-12 绑扎的最佳角度

(3)轮毂上绑扎应使用绑扎环,避免损坏轮箍,让绑扎带贴在轮子上,并应保持绑扎带的拉力方向指向轮子的中心。

(4)车辆在斜坡道上积载时,在下坡方向的轮胎处垫轮楔,根据绑扎带的破断强度和法规的具体要求,在上方可增加绑绳数量,如图 9-3-13 所示。

图 9-3-13 车辆在斜坡道上的绑扎

(5)绑扎拖车时,应根据车辆情况使用拖车支架、拖车千斤顶等进行作业,如图 9-3-14 所示。

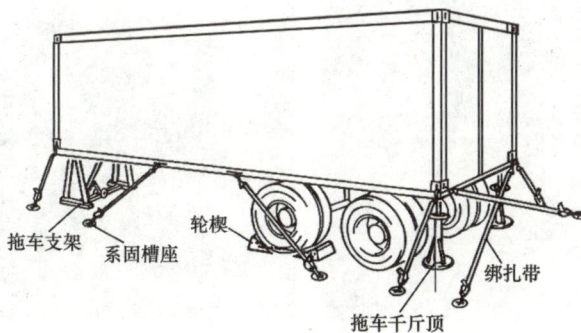

拖车支架　系固槽座　轮楔　绑扎带　拖车千斤顶

图 9-3-14 典型的拖车绑扎

(6)对于高大的车辆,最好加上过顶绑扎,用链条对称地将车厢固定在顶梁上。特殊车辆或其他滚装货物,除了对车辆底盘绑扎外,特殊的结构部位也应进行绑扎,如图 9-3-15 所示。

图 9-3-15　特殊滚装货物绑扎

四、列车的绑扎系固

铁路轮渡目前的普遍做法是在滚装船舶上铺设多股轨道,到港列车根据积载计划进行解体、分组后重新组成若干车列,用机车运送至船上轨道中。对列车进行正确的绑扎系固,是确保铁路轮渡安全的重要工作之一。

(一)增大车厢与铁轨之间的摩擦力的措施

列车因车厢与铁轨相接触的摩擦系数近似为零,因此必须采取增大摩擦力的措施,目前的常用做法如下:

1. 横向

使用千斤顶(垂直螺杆支撑器)可以增大车厢与甲板之间的摩擦力,还可以增大横向抗翻转力矩,如图 9-3-16 所示。

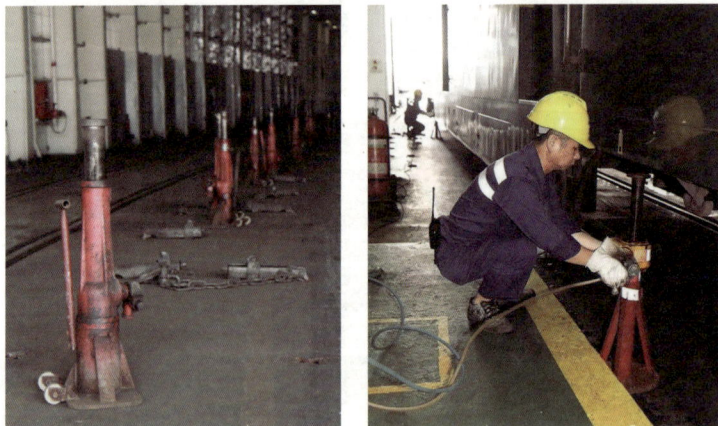

图 9-3-16　千斤顶及其使用

2. 纵向

使用钢制楔块,将车辆前后方向垫牢,可以增大列车纵向摩擦力,如图 9-3-17 所示。

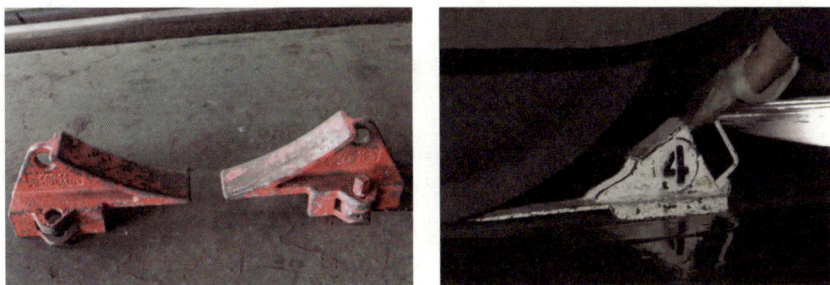

图 9-3-17 钢制车轮楔块及其使用

(二)绑扎的措施和注意事项

(1)列车装船后,使用船上的固定拖钩将列车锁紧,使用钢制楔块固定车轮,使用千斤顶作用于车厢可以承受力的位置以支撑车厢。通常,每节车厢每一侧至少使用2只千斤顶。

(2)对每节列车车厢的横向绑扎采用多根高强度绑扎链及快速拉紧装置,使列车与甲板或站台紧固。通常绑扎链的垂向绑扎角不大于 60°,水平绑扎角不大于 30°,如图 9-3-18 所示。

图 9-3-18 列车车厢绑扎

第四节

滚装货物处所的监控

滚装客船在航行过程中,一旦发生车货移动,轻则造成货损,重则引起大面积车货移位,致使船舶倾斜或间接引起船舶火灾、进水等事故,甚至造成稳性丧失、船舶沉没。因此,船舶驾驶和管理人员应特别注意对滚装货物处所的监控。

一、监视滚装货物处所的设备

除了前文所介绍的用于监控水密门渗漏情况的电视监视和漏水探测系统外,公约和规范要求滚装客船还应采取电视监视之类的有效措施在航行途中不断地巡视或监控特种处所与滚装处所,以便探知在恶劣天气条件下任何车辆的移动、未经允许而进入这些处所的乘客以及可能的火灾,并监控船舶在港装卸车辆和上下乘客的正常进行。目前,最常用的监视设备是闭路电视监控系统(CCTV)。

船载 CCTV 由前端数据采集、数据传输、视频显示、数据储存等部分组成,前端摄像机安装于船头、船尾、包括车辆甲板在内的各层甲板、驾驶台、通道、走廊等重要场所,前端视频通过本地局域网络传送到大屏幕显示实时动态,将数据储存于硬盘录像机中。滚装客船 CCTV 如图 9-4-1 所示。

图 9-4-1　滚装客船 CCTV

二、货物移动的防范措施

滚装客船应从车辆的装载和绑扎、运输的各个环节,加强管理,降低车货移动的风险。主要建议措施包括:

(1)船舶除了应按货物系固手册的要求进行绑扎系固外,船长还应充分考虑本航次的载货情况、航区气象以及船舶当时的状态,运用良好船艺,进行综合评估,制定绑扎方案并实施。

(2)根据 CSS 规则对装船货物进行监管,根据本船的具体情况,严格限制车货总重量、货载重量、货物高度,并对滚装装置中货物的绑扎进行核实。

(3)加强安全培训,提高人员安全意识,保证有充足的时间和人力进行妥善的绑扎系固。

(4)严格遵守巡舱制度,必要时增加巡舱次数,或航行时在现场值班,并配备对讲机等通信设施,确保通信畅通;对于装有车辆舱监控设施的船舶,应在航行途中保持不间断的巡视和监控,确保驾驶台人员随时了解车辆舱的情况。

(5)进入恶劣气候及复杂的航区前,为防止发生货物移动,可以采取改变航向、降低航速的方法保持船舶平稳,使用防摇设备以减轻船舶的横摇,并不断监视船舶的完整性,组织人员加固货物,并尽可能地增大货物的摩擦力。

(6)定期对系固系统设备及器材进行检查、保养,严格按货物系固手册的要求进行强度校核,不符合强度要求的杜绝使用。

三、货物移动的应急处理

滚装客船如果发生车货移位时,船舶驾驶人员应保持镇静,根据实际情况,判断形势,并可以采取调驳压载水、移动移位的货物并加固绑扎等方法,控制并恢复船舶的浮态和稳性。

1. 初步反应

(1)船长应迅速判明产生货物移动的原因,采取相应措施,以防止货物进一步移动。货物移动的直接原因往往是船舶的摇摆,船长应综合各方面因素,采取减速、改向、使用减摇鳍等措施,尽可能保持船舶平稳,减少摇摆。

(2)通过监视器了解装货区域的险情和具体情况,必要时可安排人员进行查明。

(3)果断采取抢险措施,尽可能地控制和减小货物移动所造成的船舶横倾。

2. 应急处理措施

(1)组织人员对所有未移动的货物进行检查,并视情况进行加固。

(2)对横倾不大的货物移动,且当时的船舶状态已得到有利控制,应采取以下措施:

①用就地绑扎的方法系固已移动的货物,然后制定进一步的处理措施;

②调驳左右舷舱室中的燃油、压载水,将倾斜一侧的油水向另一舷舱室调驳;

③特别警惕自由液面对船舶稳性的不利影响,必要时加满未满的油舱水舱;

④移动倾斜舷的货物至相反的一舷或车辆甲板中部,必要并可行时,可抛弃倾斜舷侧区域的货物。

(3)在货物移动险情已恶化,且获得外援协助的实际可能已不存在时,船长可以争取抢滩、搁浅等特殊操纵的方法,以保全船舶和人命安全。

第五节
滚装货物处所的空气监测及通风

机动车辆的驾驶进出会在车辆甲板产生大量的有害气体,其中主要是汽车尾气和汽油挥发气体,其易燃性、易爆性及毒害性会给船舶、旅客和船员带来许多不安全因素。因此,装卸和运输期间需要对车辆甲板的空气质量进行不间断的监视、控制,并保持有效的通风。

一、滚装货物处所有害气体的组成及特性

(一)汽油及其挥发气体

汽油极易挥发,其蒸气具有易燃性、易爆性,常温、常压下,其浓度爆炸极限值为

$1.58\% \sim 6.48\%$；汽油中的烯烃和芳香烃对人体的毒害性较强，易从呼吸道侵入人体，也能溶解皮脂从皮肤侵入体内，从而毒害中枢神经；汽油蒸气常温下比空气重，具有下沉性，所以易聚积在车辆舱的下层舱、各舱边角和被车辆货物堵塞的不通风的死角。

(二)车辆排放的有害废气

车辆排放的有害废气即内燃机燃烧所产生的污染性气体，主要包括一氧化碳(CO)、氮氧化物(NO_x)、二氧化硫(SO_2)、挥发性有机物(VOC)、铅颗粒(Particulate lead)、其他小于 $10\ \mu m$ 的颗粒(Particulate matter less than $10\ \mu m$)，以一氧化碳、氮氧化物和挥发性有机物为主。

1.一氧化碳(CO)

CO 具有易燃性、易爆性，能在空气或氧气中燃烧，常温、常压下，与空气混合的爆炸极限为 $12.5\% \sim 74\%$。

CO 具有较强的毒害性，CO 与人体血中的血红蛋白的亲和力为氧气的 $210 \sim 300$ 倍，一旦进入人体便会迅速和血红蛋白结合，使血液的携氧能力下降甚至完全丧失，将导致人体因缺氧而中毒，轻者头痛乏力、反应能力下降，重者死亡。长期接触低浓度 CO 对健康也有危害，特别是对神经系统和心血管系统有一定的损害。

2.氮氧化物(NO_x)

NO_x 具有毒害性，能够刺激人的鼻腔与眼睛，吸入 NO_x 能够形成肺水肿，长期吸入低浓度的 NO_x 可引起肺部表面活性物质的过氧化，损害细支气管的细毛上皮细胞和肺部细胞，破坏肺部组织的胶原纤维，并可发生肺气肿样症状。此外，NO_x 易形成雾，降低能见度。

3.挥发性有机物(VOC)

VOC 是一大类重要的室内空气污染物，大部分 VOC 是烈性麻醉剂，可抑制中枢神经系统，同时也刺激眼睛、皮肤和呼吸系统，引起全身无力、嗜睡、皮肤瘙痒等，有时还会引起内分泌失调。当 VOC 浓度较高时，可损害肝脏和肾脏功能。在大量产生 VOC 的舱室内且通风较差的情况下，会引起急性中毒，轻者感到头晕、头痛、咳嗽、恶心、呕吐，严重者会出现肝中毒、昏迷，甚至出现生命危险。

二、滚装货物处空气的监测

(一)便携式气体探测仪器

滚装客船上便携式气体探测仪器主要分为可燃气体探测仪和测氧仪。

可燃气体探测仪是对单一或多种可燃气体浓度响应的探测器，可以检测不同地点的可燃气体浓度，集控制器、探测器于一体，小巧灵活、操作简便。

SOLAS 公约要求，滚装处所或车辆处所应配备 1 套或 1 套以上的便携式气体探测仪，如图 9-5-1 所示。如果怀疑空气的新鲜度，应安排对空气进行探测。

测氧仪是一种测量舱室内空气中氧气含量的仪器。

随着电子技术的发展，目前市场上很多仪器是集成的，可以测量多种气体。

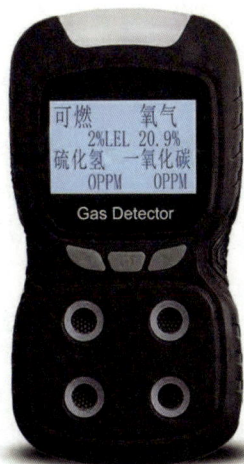

图 9-5-1 便携式气体探测仪器

任何空气探测都必须由受过培训的适任人员进行,探测人员应明确潜在的危险,并采取适当的防护措施。

使用前,探测人员应先对探测仪进行检查,确保仪器处于正常状态,在新鲜空气中进行仪表调零。探测时应重点选择低处、角落以及被车辆或货物遮挡的死角。探测完毕后,应将探测仪置于新鲜空气中运转一段时间,使指针调零后再关机。

测得的空气汇总氧气含量的稳定读数为 21%,一氧化碳含量低于 50 ppm 才算达标。如测得任何碳氢化合物蒸气的迹象,应立即停止装卸,对该处所彻底通风直至重新探测安全后方可继续作业。

(二)可燃气体探测器

目前部分滚装客船装有可燃气体探测器,探测器由安装在驾驶室内的报警指示器和安装在车辆舱的探头组成。探头具有隔爆网罩,安装在车辆舱的低处。当可燃气体进入探测器时,在铂丝表面引起氧化反应(无焰燃烧),其产生的热量使铂丝的温度升高,导致铂丝的电阻率发生变化,当达到设定值时便发出报警信号,驾驶室可以据此增加通风次数。

(三)空气质量控制和管理系统

IMO 海上安全委员会于 2015 年以海安会 MSC. 1/Circ. 1515 通函对《滚装货物处所通风系统设计指南和操作建议》进行了修订,提出滚装客船空气质量控制和管理系统是用以确保易燃和有害气体浓度保持在规定水平以下的系统。可用空气质量控制仪器对封闭车辆处所、封闭滚装处所和特种处所内的气流量进行控制。空气质量控制的原理是基于对 CO、NO_2 浓度的测量和 LEL 值(爆炸下限)的比较,根据所测得的数值,可通过改变送风和/或排气风机的转速控制空气量。通风要求是持续调整气体浓度的增加并尽快恢复 CO、NO_2 的正常水平。

1. 空气质量控制和管理系统的要求

(1)滚装处所空气质量监控频率和通风系统产生的反应,应足以将易燃和有害气体的浓度保持在限值以下。

(2)制造商应提供维护要求并至少指明传感器试验和调整的频率。应按照制造商说明书定期对传感器进行校准、维护和试验。

（3）系统应能自动运行并具有人工越控功能。

（4）应对电源、传感器和控制设备进行监控。应能在发生故障时发出警报，包括人工越控。应备有充足的报警器，并在驾驶室服务于车辆甲板的动力通风控制装置所在处所内设有指示装置。

（5）在系统发生任何故障，包括控制系统电源故障时，风机应能切换至 SOLAS 公约要求的通风能力。

（6）传感器设备的最大截面尺寸应能覆盖到一舱。

（7）包括电线在内的气体探测设备应适合滚装货舱条件并符合相关标准。

（8）当 CO、NO_2 和易燃气体（已设定对应的 LEL 值）浓度超过阈值浓度，应在连续有人值班场所发出听觉和视觉报警。

（9）控制系统应持续得到供电，并应在失去正常供电的情况下自动转换成备用电源供电。

2. 监控处所的大小

对由分隔栏、剖面、拐角和其他阻碍空气自由移动的障碍物组成的区域，应压缩至每 900 m^2 一个传感器。根据对货舱内空气质量反应时间的计算或测量，可接受更少数量的传感器。

在处所内安装传感器时，应注意使其远离可能影响读数的区域，包括升降门（入口和出口）以及靠近室外进气或排气风机的区域。

3. 基于对 CO、NO_2 浓度的测量和 LEL 值的比较的最低空气量

（1）风机应由空气质量系统进行控制以提供适当的换气次数，这样一旦 CO、NO_2 水平超限，则可在 5 min 之内恢复其正常数值。通风要求是持续调整气体浓度的增加并尽快恢复 CO、NO_2 的正常水平。

（2）当根据 ISO 9785—2002 长期接触的浓度水平超过 40 mg/m^3 CO 或 4 mg/m^3 NO_2 或环境中的相对浓度与 LEL 的比值超过 10% 时，应发出警报。考虑到国家/地方的职业法规，可在主管机关确定后使用更加严格的接触限值。

（3）最低的通风量应能确保为测量装置的运行提供充足的气流。

三、滚装货物处所的通风

1. 通风次数

为限制装载和卸载期间污染物的最大浓度，并防止当船舶载运机动车辆货物在海上航行时，滚装货物处所内积聚有害和易燃气体，SOLAS 公约提供了滚装货物处所通风的最低标准，如表 9-5-1 所示，主管机关可要求在装载或卸载时增加换气次数。

表 9-5-1　滚装货物处所通风换气次数要求

滚装货物处所	换气次数要求
特种处所	10 次/小时
载客超过 36 人的客船上除特种处所以外的闭式滚装处所和车辆处所	10 次/小时
载客不超过 36 人的客船上除特种处所以外的闭式滚装处所和车辆处所	6 次/小时

2. 通风方式

滚装货物处所的通风系统通常按照稀释通风原则运行,即对该区域的送风足以使废气与空气充分混合并移除。通风方式通常分为开式通风和闭式通风两种。

(1)开式通风

开式通风为机械送风、自然出风,或者机械抽风、自然进风,适合于船舶在港口停泊时使用。

(2)闭式通风

闭式通风为机械送风与抽风同时进行,适合于船舶在航行中使用。

3. 通风系统

通风系统一般由马达、泵体、通风管道、风口、风闸等组成,通风系统控制台应安装在一个方便的位置,控制台应备有一份显示风机和开口位置的船舶滚装货物处所图。应为每台风机设定独立的标示。控制台上还应显示在各种装载工况下给定的滚装货物处所应使用的风机的指示。出于安全原因以及便于对通风系统进行控制,控制台应包括显示正在运行的风机。

船上应以专业方式对通风系统进行日常检查、维护和修理,主要包括:

(1)定期检查风机马达、电源等电气设备的技术情况,并按计划进行维护、保养。

(2)定期检查通风管道、风闸及相应的耐火分隔设备,并按计划进行维护、保养。

(3)通风系统的日常性维护、保养应在停泊时进行,并应在船舶装车前完成。

(4)通风系统的通风管道、风闸等通风设施及分隔结构未经船检部门许可,任何人不准擅自拆割或做有损通风系统的作业。

4. 通风系统试验

船舶应对车辆处所通风系统进行年度试验。应在新造船投入营运前进行车辆处所通风系统第三方试验,且其后的间隔期为5年。

此外,船东和船舶营运人还应重视滚装货物处所空气质量试验,主要包括:

(1)当一艘新造船投入营运时,应由经过职业接触专业培训的具有资质的人员对空气质量进行试验。应与船舶安全代表和其他任何相关的主管机关协商进行试验。

(2)船东和营运人应考虑将空气质量与通风系统一起进行试验以确保通风系统的适当维护和正常运行。有必要进行空气质量监控的情况包括工人的投诉(例如:头疼、头晕、眼睛或呼吸系统刺痛),通风系统本身已经恶化的迹象以及船舶营运发生变化且与通风系统最初验证具有实质性的不同。

(3)应将所有验证通风系统充足性的试验结果编制成文并与船舶记录一同保存。

5. 通风作业管理

(1)船舶应根据法规和相关规定并结合本船情况,制定安全通风的管理制度和操作规程,并组织参与车辆装卸的船员进行学习。

(2)装船前,应检查通风系统是否完整可用,如有故障,应立即修理。

(3)车货装卸期间,在保持首门和尾门开口处有足够干舷且安全可行的前提下,可以保持首门和尾门的开敞以增加通风。

(4)严格落实车货装船前的检查,对油箱或货物存在泄漏、夹带易燃易爆或有毒等危险品的车辆,应禁止装船;严禁油罐车、液化气罐、氧气瓶、乙炔瓶等物品上船(无论满瓶、空瓶、半瓶一律禁止)。

(5)车辆装船时,值班人员应正确疏导车辆,避免车辆在船舶内部或坡道堵塞,尽快安排好车位,并提醒司机尽快关闭发动机;停好后的车辆间应保持足够的距离,便于通风和航行时的巡舱工作;车上的司乘人员不准在船上进行修车工作。

(6)车辆离船时,应分期、分批启动,未接到指示避免启动机器,以避免汽车排出的尾气大量积聚。

(7)因碰撞等其他原因造成有害气体漏泄时,应迅速采取有效的停止漏泄措施,开启全部通风机,增大漏泄处所的通风量。

(8)装卸后,应对滚装货物处所坚持通风,直到有害气体被全部排出后,方可停止通风机的运转。

(9)在每周进行的消防救生演习中,应穿插进行紧急情况下的通风实施演习,以提高全体船员对通风管理的应变技能。

附件 1
客船船员培训和资格的强制性最低要求章节对照表

适任培训	能力要求	对应章节	
在旅客舱室为旅客提供直接服务的人员的安全培训	沟通	第二章　舱室服务人员安全培训	第一节　建立和保持有效的沟通
	救生设备	第二章　舱室服务人员安全培训	第二节　个人救生设备的使用和演示
	登乘程序	第三章　拥挤人群管理	第三节　旅客集合程序
拥挤人群管理培训	协助实施船舶救生计划和集合、撤离旅客程序	第三章　拥挤人群管理	第一节　船舶救生计划和程序的协助实施
	协助旅客快速抵达集合地点的能力	第三章　拥挤人群管理	第二节　旅客撤离程序 第三节　旅客集合程序
危机管理和人的行为培训	组织船上应急程序	第四章　危机管理与应急程序	第一节　客船总体设计和布局 第二节　客船安全相关法规 第三节　客船应急计划和应变部署表
	优化资源利用	第五章　应急资源的优化利用	第一节　船舶应急资源概述 第二节　客船消防及其应急资源的优化使用 第三节　客船救生及其应急资源的优化使用 第四节　客船堵漏及其应急资源的优化使用 第五节　客船溢油及其应急资源的优化使用

（续表）

适任培训	能力要求	对应章节	
危机管理和人的行为培训	优化资源利用	第五章　应急资源的优化利用	第六节　客船保安及其应急资源的优化使用 第七节　应急演习的组织与实施
	控制对紧急情况的反应	第六章　应急反应控制和人的行为	第一节　应急反应控制
	紧急情况下对旅客和其他人员的控制	第六章　应急反应控制和人的行为	第二节　紧急状态下人的异常心理和行为管理
	建立和保持有效沟通	第二章　舱室服务人员安全培训	第一节　建立和保持有效的沟通
旅客安全、货物安全和船体完整性培训	装载及登船程序	第八章　装载及登船设备和程序	第二节　跳板 第三节　斜坡道和升降机 第四节　活动车辆甲板 第五节　旅客登离船程序 第六节　滚装货物装卸程序
	危险货物运输	第九章　滚装货物作业	第二节　滚装货物的积载
	货物系固	第九章　滚装货物作业	第一节　CSS规则与货物系固手册 第二节　滚装货物的积载 第三节　滚装货物的绑扎系固
	稳性、吃水差和强度计算	第七章　客船稳性、吃水差和强度	第一节　客船的稳性 第二节　客船的吃水差 第三节　客船的强度
	船体开口的开启、关闭及紧固	第八章　装载及登船设备和程序	第一节　船体开口及水密门
	滚装甲板舱内空气	第九章　滚装货物作业	第五节　滚装货物处所的空气监测及通风
	监视滚装货物处所的设备	第九章　滚装货物作业	第四节　滚装货物处所的监控

附件 2
客船船员特殊培训合格证持证要求对照表

船舶等级	职务	客船	滚装客船
500 总吨（或 750 kW）及以上船舶船员	船长	T062	T062、T063
	驾驶员	T062	T062、T063
	轮机长	T062	T062、T063
	轮机员	T062	T062、T063
	电子电气员	T062	T062、T063
	值班水手、值班机工	T061	T061
	高级值班水手、高级值班机工	T061	T061
	电子技工	T061	T061
	其他船员	T061	T061
未满 500 总吨（或未满 750 kW）船舶船员	船长	T062	T062、T063
	驾驶员	T062	T062、T063
	轮机长	T062	T062、T063
	轮机员	T062	T062、T063
	值班水手、值班机工	T061	T061
	其他船员	T061	T061
无线电操作员	无线电电子员或通用操作员	T062	T062、T063
	限用操作员	T062	T062、T063

注：1. 本表依据《中华人民共和国海船船员培训合格证书签发管理办法》(海船员〔2019〕308 号) 编制。

2. 在客船应变部署表中指定的其他在船舶紧急情况下对乘客负有安全责任的船员，应持有 T062。

3. 在滚装客船应变部署表中指定的其他直接负责货物装卸和系固、关闭船体开口及在滚装处所负责乘客上下船的船员，应持有 T063。

参考文献

[1] 国际海事组织. IMO 示范课程:密集人群管理、旅客安全和舱室服务人员安全培训(中英对照)[M]. 中华人民共和国海事局,译. 大连:大连海事大学出版社,2015.

[2] 国际海事组织. IMO 示范课程:精通危机管理和人的行为培训,包括旅客安全、货物安全及船体完整性培训(中英对照)[M]. 中华人民共和国海事局,译. 大连:大连海事大学出版社,2015.

[3] 中国海事服务中心. 客船操作与管理[M]. 北京:人民交通出版社,2012.

[4] 祁风志,王涛. 客船安全管理与操作实务[M]. 大连:大连海事大学出版社,2011.

[5] 刘明桂. 海上危机管理[M]. 2 版. 北京:人民交通出版社,2013.

[6] 中国海事服务中心. 客船船员特殊培训知识更新[M]. 大连:大连海事大学出版社,2017.

[7] 邱文昌. 船舶货运[M]. 上海:上海交通大学出版社,2015.